VIVENDO EM MODO

CIP-BRASIL. CATALOGAÇÃO NA PUBLICAÇÃO
SINDICATO NACIONAL DOS EDITORES DE LIVROS, RJ

L699v   Lima, Moacir Costa de Araújo
            Vivendo em modo ser / Moacir Costa de Araújo Lima. –
       1. ed. – Porto Alegre [RS] : AGE, 2024.
       222 p. ; 16x23 cm.

       ISBN 978-65-5863-335-8
       ISBN E-BOOK 978-65-5863-337-2

       1. Religião e ciência. 2. Espiritualidade. I. Título.

24-94331   CDD: 261.55
                        CDU: 279.224

Meri Gleice Rodrigues de Souza – Bibliotecária – CRB-7/6439

MOACIR
Costa de Araújo Lima

VIVENDO EM MODO

PORTO ALEGRE, 2024

© Moacir Costa de Araújo Lima, 2024

Capa:
Nathalia Real

Diagramação:
Júlia Seixas

Supervisão editorial:
Paulo Flávio Ledur

Editoração eletrônica:
Ledur Serviços Editoriais Ltda.

Reservados todos os direitos de publicação à
EDITORA AGE
editoraage@editoraage.com.br
Rua Valparaíso, 285 – Bairro Jardim Botânico
90690-300 – Porto Alegre, RS, Brasil
Fone: (51) 3223-9385 | Whats: (51) 99151-0311
vendas@editoraage.com.br
www.editoraage.com.br

Impresso no Brasil / Printed in Brazil

Dedicatória

À minha família, motivação e força de uma vida

Espacialmente, porque não vivemos no mesmo país, mas o amor que desafia coordenadas geográficas é nosso permanente elemento de ligação.

Não temos problemas individuais. Quando surge algo que mereça este nome, nós, como um todo, passamos a pensar e viver a solução.

Obrigado por fazerem-me sentir que a Lei da Interconectividade não é só uma questão de formulação da matemática ou de idealização da Filosofia da Ciência.

Obrigado por poder viver e sentir com vocês a maior ventura do ser humano: Amar e ser amado.

Sumário

Introdução 11

TEMÁRIO 1
CIÊNCIA E ESPIRITUALIDADE
Espiritualismo, Evangelho, Espiritismo, Ciência, Conexões

Modos ser e ter 17
Amor 19
Educar: uma visão contemplando a espiritualidade 22
A coragem de criar 25
Um Dia dos Namorados: em ter e em ser 33
A Lei de Causa e Efeito – causalidade: uma experiência inesquecível 35
Dois objetivos, dois caminhos 38
Kardec, um bandeirante da espiritualidade 40
A ciência e a Doutrina dos Espíritos 43
Duas frases para pensarmos 46
Natal, Ano-Novo, novo dia, novo homem 48
O espírito na estrutura da matéria 56
Medo da morte: haverá remédio? Ou consolo? 59
A revolução de Kardec 62
O bem e a saúde 64
Criacionismo e evolução 67
Amar os inimigos? 70
Consciência criadora 72
Destino ou livre-arbítrio 74
Falsos dilemas 76
A coragem mais sutil 80
Sobre Natal e presentes: possível perda da essência 82
A cólera 84
Deus e nós ou Deus em nós? 86

Espiritualizado ou religioso? 89
Detalhes sobre Céu e Inferno 91
A obediência e a razão 94
Amar e perdoar: condições para um recomeço eficaz.......................96
A César o que é de César 98
Súplica pelo Brasil 100

TEMÁRIO 2
Filosofia, Direito, Ciência, Lógica e temas atuais

Os sete Pecados Capitais, segundo Nietzsche..................................103
Epitecto...104
Dawkins – Einstein 106
O pensamento de Einstein a respeito de Deus 112
Há lugar para Deus na ciência? 115
Intenção conta? 120
Religião – Pecado – Expiação 124
Reinventar-se é preciso 126
Ideias: saber e viver 127
Fé sem angústia 129
Observações, conselhos úteis para a vida 131
Como nasce um paradigma 133
Tudo igual é igual a tudo igual 134
De paraísos e maçãs 136
Um pouco de Lógica: defesa contra falsos argumentos 142
O enigma das três portas, ou o problema de Monty Hall 144
Um método e elementos formais para o Direito? 148
Insegurança jurídica 152
Da perspectiva do castigo como elemento inibidor do crime 153
Afinal, quem somos? acaso ou construção inteligente? 155
Em nome da ciência: tempos de Covid, de dengue e de incoerentes declarações políticas 157
Esforço e mudança 158

Será mesmo melhor esperar pelo pior? 159
Estupidez 161
Uma frase que vale um livro 163
Hipóteses e fatos 166
A objetividade das coisas: um conceito a ser revisto? 168
Efeito colateral 170
A profilaxia completa: preservar-se 172
It's a whole new world 174
Relativização tem limite 176
A importância da fé ou a fé que nos constrói 178
A cultura do fracasso 181
Atração do obscuro 182
Poesia e poesia? Spotify e show de Madonna 184
Arte ou não arte? 187
O modismo das palavras 190
O cientista e o avestruz 192
Para uma boa reflexão: o que é a realidade? 195
O último artigo de Stephen Hawking: algo para meditar 196
Insistência no erro 199
Heil, Putin: metáforas 202
Quando a desfaçatez é a regra 205
De raposas e galinheiros, ou quem combate a corrupção? 207
Tolerância 208
Sonho e aprendizagem 211
Mãe: o mundo quer dizer que te ama 213
Hino Rio-Grandense: bravura ou racismo? 215
Um viva à vida 218
Gaúcho: um povo que canta o amor e merece solidariedade 219

Bibliografia 221

Introdução

Vamos tratar de espiritualidade, que não quer dizer religião, e ciência, lógica, filosofia e questões atuais, tudo inter-relacionado com a busca do saber que liberta, exatamente aquele conhecimento em modo ser, que, diferente do conhecer para dominar, do conhecer em modo ter, é um conhecer para partilhar.

Os grandes guerreiros conhecem para dominar, praticando a *arte da guerra*, denominação que me parece absolutamente imprópria, pois não consigo associar selvageria com arte. Mas isso é apenas uma opinião.

Já o conhecimento em modo ser é o que produz benefícios para toda a humanidade. É a busca da cura, do implemento da produção de alimentos e outras tantas conquistas de que se beneficia toda a humanidade. Esse conhecimento, por seu exercício em modo ser, possui aquela mágica dos valores da espiritualidade que, ao contrário dos valores ou bens materiais que se reduzem com a partilha, aumentam na medida em que são distribuídos. É simples: quem tem um bolo e dá uma fatia fica com um bolo menos uma fatia, mas quem distribui o saber, mais sábio se torna.

Iniciaremos com vários temas relacionando espiritualidade e ciência, abordaremos questões de lógica, também associada à linguagem natural, examinaremos pensamento de cientistas sobre a ciência contemporânea e ainda sobre a espiritualidade.

Vamos entender o que pode e o que não pode ser considerado científico e lançar um olhar analítico sobre o momento crucial vivido por nossa civilização e os problemas atuais.

Nosso foco central: o homem e o caminho de sua realização, enfatizando a grandeza do amor e aspectos fundamentais da mensagem do maior de todos os homens que passaram pelo planeta: Jesus.

Críticas à adesão a falsos valores e às tentativas de extermínio dos bons laços humanos, presididos pelo respeito e bem-querer, têm a finalidade de acordar aqueles que não se deram conta de estarem presos a um sono letárgico e levar-nos a pensar e repensar nossos ideais, até porque no exercício do pensar está a realidade do viver, que será correto se presidido pelo reto pensar.

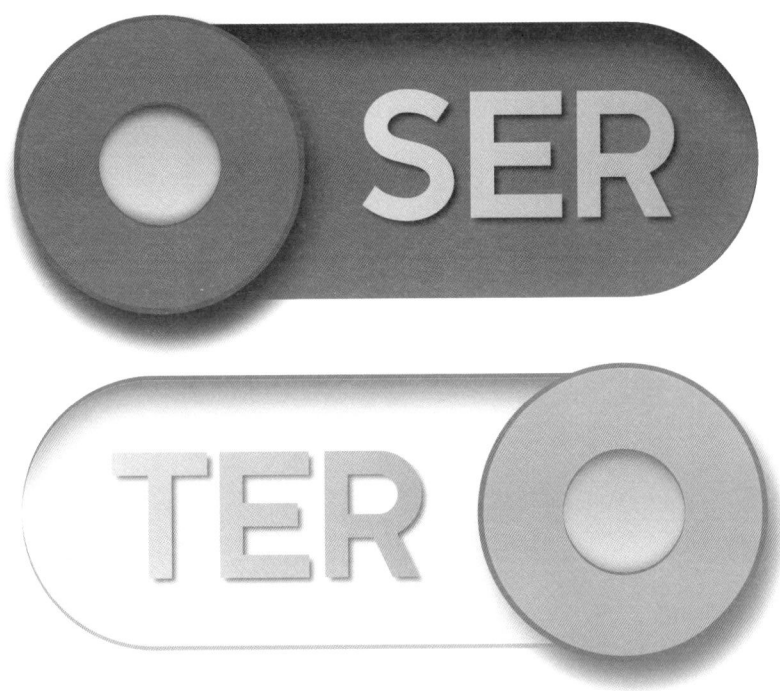

Temário 1
CIÊNCIA E ESPIRITUALIDADE

Espiritualismo, Evangelho, Espiritismo, Ciência, Conexões

Modos ser e ter

Vamos tecer algumas considerações entre o ter e o ser, mostrando seu conflito em ocasiões em que não nos damos conta de que isso ocorre.

Os teres, sem dúvida, são utilíssimos e, até mesmo, necessários. Mas há aqueles que não se dando conta de diferença essencial, confundem o ser e o ter e julgam a todos pelo que têm, ou aparentam ter. Incluem-se, para sua própria infelicidade, nesse tipo de conceito e passam a "possuir possuídos", ao invés de "possuir possuindo". Tornam-se escravos e não senhores de suas posses e, muitas vezes, o que ainda é pior, escravos das posses que almejam, invejam nos outros, mas não possuem. Pior que os escravos do ter, tornam-se profundamente infelizes pelo não ter.

Observemos uma festa, uma apresentação pública, um *show* musical, um desfile. Ali encontraremos pessoas vivendo o acontecimento, integrando-se à música, observando com emoção os detalhes, enfim vivendo aquele momento. Tornando-se parte do evento, embora não o possuam, assistindo ao espetáculo no *modo ser*.

Outros, entretanto, parecem querer se apossar do evento, colocando-o na câmera de seu celular. Perdem a emoção do momento, empurram, atrapalham e se atrapalham no afã de tudo guardar para si, como se as fotos fossem o fato.

Não falo da atitude absolutamente normal e pertinente de desejar, através da foto, ter uma visível lembrança de um espetáculo a que se assistiu e de que se gostou. Refiro-me à atitude ansiosa de ter a impressão de que é preciso e possível tudo guardar, em fotos ou filmes, para tudo possuir.

Desligados das nuanças do espetáculo em si, os assistentes no *modo ter* precisam se sentir proprietários do acontecimento, o que lhes parece viável guardando tudo num filme, feito à custa de empurrões nos outros – que interessam os outros se obstaculizam seu desejo de adquirirem o *show*? –, perdendo assim a chance de *ser* emocionalmente um participante autêntico.

É evidente que é possível viver o momento e, também, registrá-lo, mas a ânsia do registro, como se este outorgasse uma posse, impede, muitas vezes, a vivência de emoções que nos farão bem à alma, permitindo-nos *ser* parte de eventos que apreciamos.

Vamos procurar sempre participar de bons momentos, daquelas celebrações que nos alegram a alma, somando muitas vezes a emoção (viver) ao registro (ter), mas sem permitir que a angústia por um *ter*, que não é real – ter o registro não é ter o evento – impeça o viver (ser).

Lembrei-me dos desfiles de Natal na cidade de Gramado, RS, e das atitudes das pessoas que assistem. É fácil distinguir os que assistem no modo ser, emocionados com o esplendor do acontecimento, passando a vibrar na mesma frequência de luz e boa energia, daqueles que assistem no modo ter, importunando os que estão próximos, deixando que só a câmera veja, pois eles vão ver em casa, sem a emoção do *hic et nunc* que só se registra na alma. Terão perdido grande oportunidade de ver sentindo, de ver vivendo, de ver no *modo ser*.

Amor

Pode-se ter um amor? Para tanto, ele deveria ser um ente passível de apropriação, ou seja, uma coisa, um animal,... No entanto, amor é abstração.

Embora o ter possua diferentes acepções, como, por exemplo, ter um carro, ter uma dor, ou ter um amigo, o verbo, mor das vezes, resvala perigosamente para o sentido de propriedade, com os direitos inerentes ao proprietário pleno: usar, gozar e fruir.

Para Erich Fromm, na obra *O Ter e o Ser*, o amor não pode ser algo possuível. Talvez seja um ser estranho, ou uma deusa, embora ninguém jamais a tenha visto. Entende que o que existe de fato é o ato de amar.

Fromm estabelece sempre uma diferença essencial em nossas funções ou atividades, desde o exercício de autoridade, até a fé, mostrando a diferença em exercê-las no modo ter e no modo ser.

Assim o amor, ou atividade de amar exercida no modo ser, liberta, enaltece, integra o ser, engrandecendo-o em si mesmo, e não a partir de suas posses.

Vamos resumir, em breves traços, a diferença entre viver o amor no modo ter e no modo ser, para respondermos nossa questão inicial.

No modo ter: Confinamento, aprisionamento ou controle do objeto que se ama. Lembramos os casamentos antigos, arranjados na nobreza e por conveniências sociais, buscando posse e poder. Torna-se algo debilitante e sufocante.

Podemos, então, pensar no amor a ídolos, que facilmente se transforma em ódio.

Segundo Fromm, não se pode cair de amor, ou cair no amor. Embora usadas internacionalmente, as expressões, na visão do pensador, são inadequadas por demonstrarem passividade típica desse amor no modo ter, em que um dos amantes submete e outro é submetido.

No modo ser: Existe a fase da conquista. – Ninguém tem ninguém – O perigo de um contrato de casamento reside justamente no que antes se considerava sua segurança: dar posses. Podem os casais parar de se esforçar para serem amáveis; deixar que o amor e seus atos se transformem em rotina tediosa, acreditando mesmo que amar tem prazo de validade. O contrato, em sua acepção mais antiga, dava a cada sócio a posse exclusiva do corpo, dos sentimentos e do cuidado. Não há mais o que conquistar, pois o amor tornou-se uma coisa que se tem. Cessam os esforços. Deixando de amar deixam de ser a mesma pessoa que eram quando se amavam um ao outro. O erro de pensar que é possível ter amor levou-os a deixar de amar. Tornam-se sócios, ao converterem o casamento iniciado na base do amor numa propriedade amigável em que os dois egoísmos se juntam num interesse: o da família. Amar no modo ser é buscar a grandeza do ser amado, é reconhecê-la como mérito próprio, é realizar um somatório de luzes de bem-querer. É amar incentivando a liberdade, é ser amor.

Quem ama, mata?

Não. Quem pode matar é aquele que confunde amor com posse. Matar pode ser fruto do desespero do fã assassino, sempre obrigado a repartir seu ídolo com outros milhares ou milhões. Não podendo exercer a posse, determinar atitudes, mudar a pessoa em função de seu desejo, começam a, doentiamente, pensar em destruí-la.

Não podendo ter a pessoa, constroem uma imagem e é essa imagem que idolatram e entendem. É a imagem que faço e que não pode me desiludir.

E quando verifico a impossibilidade de mudar as atitudes de alguém, que "amo no modo ter", entendo de participar ativa e irreversivelmente de seu destino, pondo fim à sua existência.

Aí terá acontecido algo definitivo com o ídolo, causado exclusivamente pelo amante na posse. Pensa ele: Tornei-me o autor de um fato inegável e irreversível e demonstrei poder absoluto sobre meu ídolo, poder esse que não pode ser ignorado por ninguém. Vinculei-me peremptoriamente à sua história. É a onipotência doentia travestida de amor.

Terá matado por amor, por admiração?

Não. Matou pela estupidez de levar a extremos um "amor no modo ter" que não é amor, pois escraviza, submete, destrói, em oposição frontal àquelas que seriam as consequências do verdadeiro amor, do amor no modo ser, que eleva, liberta, glorifica.

Quem ama, liberta, integra-se na evolução do ente amado, sem que isso signifique a própria submissão, que apenas inverteria o possuidor, numa relação, então, não mais amorosa.

Amar é mudar a alma de endereço, segundo o poeta gaúcho Mário Quintana, e quem ama quer valorizar esse endereço.

Amar é produzir vida, evolução, luz.

É diferente de posses que diminuem com o uso. É o indefinível sentimento de ser feliz com a felicidade do ser amado.

O amor – e só é verdadeiro no modo ser – leva o cientista a dedicar sua vida à procura de novas descobertas que beneficiarão a toda a humanidade, cuja grande maioria ele, obviamente, desconhece. Isso é um fazer o bem sem saber a quem.

O amor está presente nos grandes luminares do pensamento humano, ao dedicarem suas vidas para fazer-nos compreender nossa essência e o caminho de nossa realização.

O amor está na compreensão de Jesus, que diante dos algozes pedia ao Pai que lhes perdoasse, pois não sabiam o que estavam fazendo.

O amor está nos corações dos casais, que não o entendem sujeito à prescrição ou decadência.

O amor está nos corações dos pais que se tornam mais felizes com a independência e o crescimento de seus filhos.

Amor no modo ser está nos corações das mães que entendem sua missão e que transmitiram a seus filhos o que de mais humano existe neles.

A elas, que nos deram o ser, obrigados por existirmos.

Ensinem-nos sempre, por seu exemplo, a amar em modo ser.

Educar:
uma visão contemplando a espiritualidade

O Universo tem hoje uma concepção lógica e estrutural diferenciada daquela dos idos do materialismo realista e, por isso, não está sintonizado quem não desenvolve aptidões para captar os sinais do Cosmos.

Na era do espírito, cujos sinais são cada vez mais evidentes, a educação passa necessariamente pelo conhecimento da essência espiritual do homem.

Podemos nos preparar para o *ter*, e até almejá-lo, mas o ter sem o ser é vazio e não torna realizado o mero acumulador de riquezas, sem propósitos maiores, esquecido da maior daquelas que é seu desenvolvimento ético e espiritual, capaz de proporcionar-lhe a felicidade, pelo entendimento: "Procurai a Verdade e ela vos libertará".

Na era do espírito, cada vez mais a humanidade desenvolve a percepção dos sinais que nos rodeiam, num ponto de mutação, em que a própria ciência Física fala na intuição, como ferramenta indispensável para entendermos o mundo em que vivemos, em que não existe a cartesiana dicotomia entre uma realidade lá fora e nós mesmos, mas, ao contrário, construímos nós aquela realidade que parecia independente e absoluta.

Muitas vezes, nossas atitudes revelam imaturidade, até mesmo nos eventos mais simples se decidirmos analisar alguns aspectos indicadores de atitudes regidas pela ausência de amadurecimento.

Por exemplo, quando um time de futebol perde uma partida, é comum torcedores quebrarem rádios de pilha, celulares, alguns até televisores, como se o aparelho fosse o criador do acontecimento, para eles nefasto, e não mero transmissor.

Pois, por incrível que pareça, em relação ao nosso procedimento nas comunicações com o plano espiritual, se preferirmos dizer, com as mensagens provenientes de outros níveis de realidade, confundimos muitas vezes o intermediário, transmissor, com a causa geradora da mensagem e este, assim como o rádio, não tem culpa do acontecimento que está noticiando.

Assim como o rádio, via locutor, está só nos relatando um fato ocorrido, ou nos prevenindo para perigosos eventos, climáticos, por exemplo, aqueles que nos advertem, que nos orientam, que nos dizem: "Olha, nem tudo é um mar de rosas, tens que tomar alguns cuidados essenciais na tua vida, não foste muito bem na realização de tal tarefa", não estão necessariamente nos julgando. Muitas vezes, estão nos mostrando, nos transmitindo uma mensagem, narrando-nos algum determinado acontecimento, para que estejamos alertas e vigilantes.

É por isso que nós, ao entrarmos na era da maturidade da Doutrina Espírita – aliás, a doutrina sempre foi madura, a nossa prática é que vai amadurecendo –, estamos atingindo e conhecendo a essência do que nos disse Kardec, em duas assertivas fundamentais: "O espiritismo será científico" e "Amai-vos e instruí-vos".

Dois itens, dois fundamentos essenciais, não só para espíritas, mas para todos aqueles que cultivam um sentimento de religiosidade, em sentido amplo, ou seja, aqueles que não ignoram a parte espiritual, fundamental do ser humano, professem ou não alguma religião.

De uma verdadeira compreensão do Universo, que Goswami considera autoconsciente, resulta uma capacidade de nos amarmos e de nos entendermos, compreendendo melhor nossa natureza de seres em progressão, que literalmente se constroem de dentro para fora, aperfeiçoando seu veículo de manifestações, o corpo físico, que é majoritariamente consequência de nosso pensar e agir.

Ainda, na medida em que se aperfeiçoam nossos espíritos, melhor dito, nos aperfeiçoamos, porque somos espíritos, vamos construindo veículos mais perfeitos para as experiências evolutivas que precisamos realizar. Nesse sentido, a ideia espiritualista complementa a teoria da evolução de Darwin, hoje passando por várias reformulações. Na verdade, a chamada *luta pela sobrevivência* é uma visão apressada de um processo que verdadeiramente é de cooperação.

Novos conceitos, intimamente ligados às relações familiares, nos demonstram a queda do mito do DNA intransformável e intocável por nossas emoções, bem como o colapso da ditadura do núcleo celular.

DNA e células, estas mesmo em seu componente nuclear, via membrana, sensível às emoções, se alteram de modo fundamental, com nossos pensamentos e vibrações e, por isso, as emoções dos pais, desde a fecundação, constroem caracteres dos filhos.

Trazemos, ao nascer, emoções recolhidas na vida intrauterina, que, no entanto, podem ser transformadas, principalmente através do amor, pois sabemos que, embora a bagagem trazida, não nascemos prontos, segundo ensina *O Livro dos Espíritos*, versão confirmada por qualquer tratado de pedagogia.

A ciência contemporânea afasta a hipótese de o homem ter sido criado diretamente, tal como é agora.

Nossas almas, propulsoras de nossa máquina física, em consonância com as leis da natureza, na medida em que se aperfeiçoam, vão requerendo instrumentos melhores, os mais adequados e mais afinados com a espiritualidade para sua manifestação.

Nosso veículo físico, nosso corpo, não é o do Homem de Java, do Neandertal, ou do Pithecanthropus Erectus. Certamente não! Evoluímos sob o aspecto físico, aprimoramos as nossas conexões.

A Doutrina substitui, na teia da vida, a ideia de luta, que é apenas um aspecto menor, mal interpretado, pela de cooperação.

E em nossos lares, a visão espírita nos confirma que a educação do filho começa na concepção, e sua atração ao lar, por laços de afinidade, muito antes dela.

Não há mais marinheiros de primeira viagem no planeta. Nossos filhos trazem ampla bagagem, espiritual e biológica, cabendo-nos orientar – e não impor – para que sua vida atual seja de conquistas e evolução.

Eis a tarefa: despertar a aptidão para otimizar o uso de livre-arbítrio.

A coragem de criar

Discutamos alguns aspectos e importantes pensamentos sobre essa fundamental faculdade do ser humano: a criatividade.

Salvador Dalí: "É preciso provocar sistematicamente a confusão. Isso promove a criatividade. Tudo aquilo que é contraditório gera vida." É o que se chama tensão nas teorias científicas. Sabemos que aquelas que não provocam tensões, busca de prós e contras, não progridem. Deixam de viver.

Não se pode *ser* dentro de um vácuo. Expressamos nossa existência criando, o que depende de interconexão com o Universo e com os outros.

O Universo está em constantes transformações, bem como a sociedade e diante delas nos resta fugir ou criar mudanças.

Afirma Rollo May, em seu livro *A Coragem de Criar*: "Temos uma escolha. Fugir em pânico ante o desmoronamento das nossas estruturas; ficar paralisados, inertes e apáticos. Fazendo isso, estamos abrindo mão de participar da formação do futuro. Ou será que devemos lançar mão de toda a coragem necessária para preservar nossos sentimentos, nossa consciência e responsabilidade ante a mudança radical? Participar conscientemente, mesmo em pequena escala, da formação da nova sociedade"? E conclui: "Espero que seja essa a escolha, pois nela baseio minha dissertação".

Sobre a coragem, Nietzsche, Kierkegaard, Camus e Sartre, citados por May, afirmam: "Coragem não é ausência do desespero, mas a capacidade de seguir em frente, apesar dele".

Entende Rollo May que a coragem, assim como o coração – a origem das duas palavras é a mesma – tem a função de irrigar; no caso daquele, todos os órgãos, para assim fazê-los funcionar e no caso desta todas as virtudes psicológicas. Sem ela, a coragem, os outros valores fenecem, transformando-se em arremedo de virtudes.

É natural a transformação da bolota em carvalho e do filhote em animal adulto da mesma espécie. Mas um homem e uma mulher tornam-se humanos por vontade própria e por compromisso com essa escolha. No ser humano, valor e dignidade são conseguidos através de múltiplas decisões tomadas diariamente. Essas decisões exigem coragem, contestação ao argumento de autoridade e fuga da aceitação por modismo, que dispensa análise para aderir.

Essa coragem, que possui múltiplos aspectos, não se confunde com brutalidade, mesmo quando nos referimos à coragem física, embora alguns estereótipos do passado possam induzir tal conclusão.

Respeitar a dignidade inata do ser humano, classificada em vários diplomas constitucionais como um direito fundamental, por sua humanidade, independentemente de política, religião, sexo ou cor, é o que Soljenítsin chama coragem moral. Essa, impulsionada pela compaixão, leva ao destemor com que idealistas enfrentaram e enfrentam regimes totalitários, ao longo de nossa História.

Vale lembrar, *en passant*, antes de falarmos na coragem criativa, aspectos de medos que povoam muitas vidas. O medo de revelar seu espírito. Parece mais fácil desnudar o corpo do que a mente, pois as revelações das fantasias, expectativas e medos desta podem nos tornar vulneráveis.

Há quem tema o amor, por entender que este nos torna dependentes de outra pessoa. Revela-se aí um conflito entre o medo da vida, culminando com a entrega total a alguém, dependência absoluta e o medo da morte, temor de ser completamente absorvido.

Dúvidas as haverá sempre. Surgirão antes de qualquer decisão e são benéficas porque as pessoas de plena certeza formam o rol dos fanáticos, dos extremistas. A ciência é prenhe de dúvidas e o aprender sempre necessário.

Tratemos, então, da coragem criativa.

É ela que permite quebrar paradigmas e possibilitar o avanço da ciência; é ela que permite enfrentar a crítica dos que rejeitam sem exame, como Cremonini, recusando-se a olhar no telescópio de Galileu, o que o faria mudar de opinião, trocando sua negação à existência de um satélite pela verificação de sua existência. Por isso, apreciar um trabalho criativo também é criar.

A criação frustrada da Torre de Babel era uma batalha contra Deus ou os deuses, ciumentos e temerosos do progresso do homem. Assim, a expulsão do paraíso.

"Santos rebelaram-se contra um Deus que, segundo sua visão interior de divindade, se tornara inadequado e obsoleto. Rebelião provocada por um novo conceito de divindade. Rebelaram-se contra Deus, em nome do

Deus, além de Deus. A presença contínua do Deus além de Deus é a marca da coragem criativa no campo da religião". (Paul Tillich)

Cabe examinar alguns elementos sobre a natureza da criatividade. Estudos sobre essa natureza foram irrelevantes até metade do século XX.

Para Alfred Adler, psicólogo austríaco, criador da Psicologia Individual, que vê o homem como uma totalidade integrada em um sistema social, a criatividade é uma compensação de imperfeições. Teoria compensadora da criatividade. Por exemplo, a virtuosidade de Beethoven seria uma compensação à sua surdez. Trata-se, por óbvio, de uma teoria simplista, uma vez que a necessidade pode influir, mas não é a criação. Teorias desse gênero alcançam somente um aspecto parcial do ato criativo.

Teorias psicanalíticas, hoje pouco aceitas, entendiam a criatividade como regressão a serviço do ego: teoria redutiva. Reduz a criatividade a outro processo, à expressão de uma neurose. Pode ser, como exceção, jamais tomada como regra geral. A originalidade, característica dos processos criativos, costuma ser associada a pessoas não adaptadas. (Não seria melhor dizer, não conformadas? Ou enformadas?) Se fosse verdade, o curado da neurose voltaria a criar? O artista anda na frente e como não temos a visão dele classificamo-lo como louco. Não podemos aceitar que o talento é uma doença e a criatividade uma neurose. Generalizar é sempre um risco, principalmente para quem não tem conhecimento do uso correto do processo de indução. Lembremos Hume e o *salto no escuro* que é o que ocorre quando a partir de observação de muitos eventos de um tipo afirmamos que o que vale para esses, vale para todos.

Mas o que é a criatividade?

Platão colocava artistas e poetas no sexto círculo da realidade, entendendo que esses descreviam, pintavam, cantavam apenas aparências e não o real. Considerava a arte como mero elemento decorativo. Mas no *Banquete* descreve o que chama artistas verdadeiros aqueles que criam uma nova realidade.

Vale para as artes e para as ciências. O avanço ocorre quando saltamos da mera descrição de paisagens ou da aplicação de paradigmas consagrados e criamos um novo modo de representar a natureza – não apenas um retrato, mas a fusão do observado com a sensibilidade do artista-, e entendemos a insuficiência de paradigmas, de interpretações superadas e postulamos o novo, sem necessariamente aniquilar o antigo, mas ampliando-o.

Vale para o entendimento do ser, quando contrariamos conclusões sem fundamento e padrões superados, embora consagrados e entendemos, e por entender criamos uma nova realidade. A Física contemporânea não é o mecanicismo, inspirador do materialismo dialético.

Rollo May entende que o ato criativo não deve ser estudado como uma doença, mas como a representação do mais alto grau de saúde emocional, a expressão de pessoas normais, no ato de atingir a própria realidade.

Tendência a generalizar, sem domínio do processo, leva a conclusões geralmente equivocadas. É o caso do princípio, bastante aceito atualmente, segundo o qual todos, ou quase todos, seriam autistas. Trata-se de generalização imprópria, carente de definições que a fundamentem. Nesse diapasão atletas, artistas, cientistas, intelectuais seriam rotulados como portadores de autismo, em diferentes gradações. E o pior é tentar explicar a genialidade, a criatividade como consequência de doença. Vai aí uma fração ponderável de inveja, um querer nivelar por baixo, característico daqueles que se comprazem a encontrar defeitos no gênio, numa vã tentativa de nivelar por baixo.

A criatividade consiste em *ser no mundo* ou *ser o mundo*. Mas o que é a criatividade?

Platão colocava artistas e poetas no sexto círculo. Entendia que esses expressavam apenas aparências. Como considerava, segundo descrito na analogia da caverna, o mundo sensível como cópia imperfeita do mundo das ideias, poetas e pintores cantariam ou pintariam a cópia de uma cópia imperfeita, sendo, por isso, considerados pertencentes ao que chamou esteticismo superficial.

Entretanto, no *Banquete*, fala nos verdadeiros artistas, considerando-os criadores de uma *nova realidade*. Considera esses criadores como responsáveis por alargar as consciências.

É esse alargamento de consciência o responsável pelas quebras de paradigmas, possibilitando o avanço da ciência.

E não é sem dificuldades extremas que isso ocorre, porque os acomodados, os que se pretendem detentores de todo o saber, caminham num mundo que conhecem em sua integralidade, não permitindo alterações na verdade de que são possuidores de pleno direito.

Foi difícil afirmar, em função das oposições violentas, que a Terra é esférica, mais ainda dizer que ela se move, afirmar que o átomo pode ser dividido, que o tempo não é absoluto, que uma partícula pode estar em dois lugares ao mesmo tempo...

Tem sido difícil entender a importância da espiritualidade humana e as experiências que vão revelando a realidade do espírito, descortinando um mundo novo em todos os aspectos e um homem que vai além de seus sentidos físicos e, por que não, uma vida que vai além da morte.

Daí podermos entender que o ato criativo pode ser visto como um encontro, como um processo de fazer, de dar a vida.

Sabemos pela ciência contemporânea que a consciência do observador influi no comportamento das partículas subatômicas e que a expectativa do fato cria o fato, o que nos leva da posição de meros observadores, na conceituação da Mecânica Clássica, para a de coconstrutores.

Essa percepção, verdadeira criação, de um novo universo, na maestria das artes ou nas leis da ciência, exige engajamento, vontade. A falta de vontade, a acomodação é indício da supremacia do talento que, enformado, limitado, adequado a velhos paradigmas, se desvaloriza.

Essa criação, que depende de engajamento, não pode ser confundida com o escapismo da falsa criação do fim de semana, consequência da drogadição ou do abuso do álcool. O que surge daí é o que podemos chamar de criatividade escapista. Falta o encontro, como no sexo sem envolvimento.

A criatividade escapista carece de encontro. Fazer das coisas ou das pesquisas uma obra de arte, uma nova construção de mundo implica encontro, engajamento. Do contrário, cairemos na situação daqueles de quem se diz: tem capacidade, mas não faz. Os próprios carentes de engajamento, preferindo desculpas elogiosas à ação, costumam dizer coisas do tipo: "Se eu quisesse, eu teria feito". Assim tenta provar aos outros e principalmente a si mesmo que tem condições. São do tipo que marca o encontro, mas não vai. Não despertou o interesse em criar, apenas em estar a ponto de criar, por medo de confrontar sua esperada potência, com o ato. O talento, como dom, pode ser ou não utilizado, mas a criatividade só existe no ato.

O encontro gerador da criatividade precisa ser intenso. Exige envolvimento completo. Por se encontrar nesse momento do ato criativo, Michelangelo xingava o Papa quando este o interrompia, por exemplo, para saber quando estaria concluída a obra. Einstein não perdoava interrupções a seus pensamentos enquanto formulava suas teorias. O contrário seria, por exemplo, um ato de amor sem envolvimento, com a mente distante ou presidido pelo desinteresse.

O encontro que propicia o ato criativo, conforme dissemos, deve ocorrer de forma objetiva e não como consequência de algo ingerido. Podemos considerar a ilusão da produção do drogado. Verifica, na manhã seguinte, que foi abaixo do habitual. Entre os estados de engano extremamente perigosos e nocivos, ocorre aquele de quem dirige alcoolizado, ou drogado, garantindo estar com excelentes reflexos.

Mas também ocorrem as experiências de integração cósmica, altamente positivas, com os que estão devidamente preparados para esse encontro. O êxtase – *extasis* – estar fora de, no momento adequado ao encontro, à percepção, significa libertar-se da dicotomia sujeito-objeto, da separação observador-fenômeno, o que transforma o observador num participante, nos termos da grande lei da Física Quântica, que é a Lei da Interconectividade. Então, *êxtase* é o termo exato para a liberdade de consciência no ato criativo.

Foi esse encontro que levou Krishnamurti a dizer: "Eu sou esse mundo todo".

Fritjof Capra estava sentado à beira-mar quando começou a se integrar no movimento das ondas, pensou nas ondas de luz, de natureza diferente da daquelas do mar e, de repente, não existia um mar, montanhas, praia, sol fora dele. Ele estava integrado com o Universo. Experiência de Integração Cósmica. Kekulé, após cansativa viagem de carruagem, sentado diante da lareira, entre o sono e a vigília, pensou ver, ou sonhou rapidamente, uma serpente de fogo mordendo a própria cauda. A partir daí, criou a fórmula do núcleo benzênico, possibilitadora de enorme evolução na representação dos compostos orgânicos.

As novidades do paradigma quântico-relativístico nos chamam a seu encontro. Não recusemos. Não sejamos teimosos. Vamos comparecer a esse encontro e realizar aquela fecundação entre nosso mundo pensado e o novo mundo que nos desafia. Estaremos criando novos universos.

Erwin Schrödinger, diante das grandes descobertas da Física Quântica, afirmou: "A natureza está tentando nos dizer algo novo, mas ainda não sabemos o que é".

Não é correto, no entanto, pensar nos momentos vividos por Kekulé e Kapra como momentos de desligamento. Eles tinham foco, vontade e estavam buscando respostas da natureza. Nada comparável ao sono do mau aluno ou ao desligamento do mau amante. Aí não temos encontro, ignoramos o exterior e o interior, e isso não é encontro, é alienação.

O mundo tem aspectos objetivos, realidade objetiva, mas também se relaciona com a pessoa. A criatividade exige o rompimento com dicotomias consagradas, com separações bitoladoras, como no caso já citado, sujeito-objeto. Por isso, a experiência criativa não é exclusivamente objetiva, nem integralmente subjetiva

O momento da criatividade, a verdadeira opção pela evolução, não pode considerar a separação entre razão e emoção. Apartar sempre a razão da emoção é realizar separação de alta nocividade. Lembramos Saint-Exupéry: "Só se vê bem com os olhos do coração".

Hoje, segundo Fred Alan Wolf, PhD em Física, teorias que busquem a interpretação do Universo e seus mecanismos de funcionamento não podem desprezar a intuição. Esta costuma se manifestar em momentos de transição entre o trabalho e o repouso. Vários exemplos foram citados e podemos incluir várias descobertas de Thomas Alva Edison, que, sentado à beira de sua mesa de trabalho, apoiado em sua bengala, cochilava e, acordado pelo resvalar da bengala, já tinha uma nova ideia. Foi, por certo, a intuição de Picasso que criou o cubismo, alertando contra a mecanização, a robotização do homem, hoje tão presente, incluindo a marcha à sujeição à inteligência artificial, o que pode ocorrer se esta for mal utilizada.

Para Einstein, mais extraordinário do que o fato de podermos enxergar o Universo é a capacidade de interpretá-lo. A correta interpretação amplia e realidade, pois esta, nos conceitos atuais de Linguística, é o que podemos interpretar. Aí reside o salto da condição de mero observador para a de cocriador.

Kant, ao examinar nosso conhecimento do mundo, reforçando o entendimento do observador como cocriador, entende que não só o conhecemos, mas esse se adapta, ao mesmo tempo, a nosso modo de vê-lo. Temos aí o explicitar da importância da interpretação e, com ela, a da criação da realidade, entendida, como mencionado, como sendo o que podemos interpretar, lembrando, para reforço dessa ideia, que no mundo subatômico a expectativa do fato cria o fato.

E em nossas relações? Convém pensar sobre isso, até porque, para dizer o que pensamos, pintar um quadro, compor uma melodia, recitar um poema, descrever uma Lei Física e, até mesmo prever a existência de novas partículas ou subpartículas atômicas, precisamos de uma linguagem que pode ser, e às vezes precisa ser, matemática.

E, segundo Roland Barthes, em *A Aula*, qualquer coisa expressa por meio da linguagem implica a forma da linguagem usada.

Nosso próximo livro tratará da linguagem e suas sutilezas.

Um Dia dos Namorados:
em ter e em ser

No Brasil, em junho, comemoramos o Dia dos Namorados. É, em princípio, um dia dedicado ao amor. O amor só é real quando é intenso.

Vale lembrar que podemos amar em modo ter ou amar em modo ser.

O amante em modo ter diz:

– Eu tenho um namorado, uma namorada. Ele/ela me ama e, por isso satisfaz todos os meus caprichos.

O amante em modo ter quer a transformação do ser amado num fruto da sua imaginação. Não gosta que o ser amado brilhe, pois o satélite em que quer vê-lo transformado não pode ofuscar o astro principal do sistema egoisticamente criado pelo amante que tem no amado uma propriedade, com todos os direitos de proprietário.

O amante em modo ser é, não tem, parte de um binômio em que a grandeza do ser amado é seu objetivo e sua felicidade.

Não discute poder, integra-se numa relação de carinho, conhecendo a aritmética diferente que concerne ao amor.

Em relação a bens materiais, a coisas, objetos de posse, sabemos que ao dar algo para alguém, por maior que seja nossa boa-vontade, nosso patrimônio se reduz no exato valor daquilo que é dado.

Quem tem dez e dá um, fica com nove.

Na aritmética do amor, do amor que é, do amor em modo ser, quanto mais amarmos, mais crescerá a capacidade de dar amor, algo que se fosse apreciável numericamente seria um paradoxo. Ou seja: quem mais dá, mais adquire, em termos de capacidade de amar.

Em épocas passadas, quantas mulheres, magníficas artistas, pintoras, escultoras, musicistas não assinavam suas obras, deixando o esposo como autor.

Pergunto: esses esposos amavam suas mulheres?

Alguns diriam que sim, pois se as obras são da mulher e a mulher é do marido, pelo conhecido critério de transitividade da pertinência, as obras pertencem ao marido.

Exatamente esse é o raciocínio do amor em modo ter.

Em modo ser, somos o sucesso dos que amamos. Somos aquele marido que apoia e fica feliz com o sucesso de sua mulher e vice-versa; somos aquele companheiro ou companheira que vibra com o sucesso de quem elegeu para parceiro ou parceira de vida; somos o mestre a vibrar com o êxito do discípulo e se alegra ao se ver superado por ele; somos os pais que têm no sucesso do filho maior alegria do que em seu próprio triunfo.

Somos amor e amando crescemos com o crescimento de quem amamos.

Isso é amor dedicação; é amor sem competição; é amor pelo seu amor.

É amar em modo SER.

É amor intenso.

Não esqueçamos Chico Xavier: Quem ama mais ou menos corre o risco de se tornar uma pessoa mais ou menos.

A Lei de Causa e Efeito – causalidade:
uma experiência inesquecível

Na Mecânica Clássica, newtoniana, a lei de causa e efeito relaciona a força aplicada num corpo com a aceleração nele produzida, em função de sua massa.

Assim, a causa, força é relacionada com a aceleração que produz num corpo livre, na dependência da massa deste.

De um modo geral, partindo de estudos semelhantes, e até mesmo de simples observações baseadas no bom-senso, chegamos à conclusão, muitas vezes repetida e nem tantas entendida, de que não há efeito sem causa.

Há quem esqueça esse princípio elementar em seu dia a dia, quando mantendo atitudes negativas pretende obter resultados positivos.

É de Einstein a advertência de que é uma grande tolice pretender resultados diferentes fazendo sempre as mesmas coisas.

Dentro do universo newtoniano, de uma física de certezas e determinista, passou-se a entender que, conhecida a causa, pode-se determinar com absoluta precisão o efeito. Assim, desde o início físico-temporal do universo, tudo estaria predeterminado.

Filósofos e religiosos tradicionais chamaram essa suposição de destino, sem dar-se conta de que a partir da aceitação de tal pressuposto, não teríamos qualquer liberdade de escolha.

Vivia-se a ilusão de poder prever resultados futuros com precisão absoluta.

Filósofos imaginavam que uma supermente, capaz de conhecer todos os fatores que num determinado instante atuam sobre um corpo, poderia precisar todo o seu estado de movimento, bem como sua posição, em qualquer instante seguinte.

E tendo essa supermente acesso a todas as informações relativas aos agentes causais atuantes no Universo, poderia prever, com rigor absoluto, qualquer evento futuro relativo a pessoas, animais ou coisas, do átomo à galáxia.

Estava estabelecido o panorama, o caldo de cultura, em que vicejaria a teoria do destino imutável, que, mesmo estabelecido sem critérios definidos, decretaria nossa impossibilidade de modificar qualquer evento nesse universo predeterminado e previsível.

Não é esse o pensamento atual. Há possíveis efeitos, a partir de determinada causa, com diferentes graus de probabilidade de ocorrência.

A incerteza tomou o lugar da certeza.

O que – a incerteza –, à primeira vista, poderia nos parecer caótico, de fato nos torna livres e responsáveis, pois, se há possibilidades, há escolhas, e a possibilidade de escolher nos torna participantes ativos e responsáveis por nossos atos, realizados a partir de decisões nossas, que poderiam ser diferentes.

Mas, apesar da quebra da rigidez do princípio newtoniano, vale ainda dizer que não há efeito sem causa e que também é possível estabelecer, em termos de graus de probabilidade, a causa produtora de determinado efeito observado, ou, ao menos, algumas de suas características.

No entanto, não podemos ter sonhos newtonianos radicais, pois isso nos remeteria a um universo de que seríamos meros espectadores e a uma existência em relação à qual seria nulo nosso poder decisório.

Dizer que não há efeito sem causa é verdadeiro. Mas temos que entender que nem toda a causa é de origem sobrenatural, com licença para usar terminologia tecnicamente superada, mas em moda. Nem sempre a causa de um evento está relacionada a fatores extrafísicos.

Dou um exemplo: Em 2004, quando estava terminando de escrever o livro *A Era do Espírito*, preparando-me para desligar o computador, a máquina me fez uma pergunta inusual: ao invés da famosa questão: "Deseja salvar as alterações", etc., surgiu na tela uma pergunta diferente: "Deseja reverter o arquivo *A Era do Espírito* para outro de mesmo nome, já existente?"

Sem entender a pergunta, respondi: "Sim".

Consequência: livro perdido por inteiro. Porque aquele reverter significava na linguagem que eu não compreendi – nunca responda a pergunta que não entende, ou cuja resposta desconhece –, "transformar" e o arquivo já existente, no qual eu mandei transformar todo o livro, era só o título. O livro fora excluído do computador, ou melhor, transformado só em seu título, sem que houvesse qualquer possibilidade de recuperá-lo.

Consegui reescrevê-lo em três dias.

Mas o que importa aqui é o seguinte:

Eu poderia ter levado o acontecimento para o lado mágico de determinações superiores de forças ocultas, ou de uma emboscada de inimigos de outro plano e pensado:

Bom, se isso aconteceu, certamente é porque não é para o livro sair agora. Há algum desígnio nesse sentido. E, se quedasse conformado com suposta designação superior, destinação ou maquinação de inimigos invisíveis, ou, quem sabe, acreditando que tudo acontecera porque não era a hora de lançar o livro, este não teria saído na época certa, nem teria lançamento conforme previsto.

Temos que saber quando é a hora de fazermos a hora.

Interessa examinar aqui o seguinte:

Se o livro foi perdido, haveria uma razão? Não é verdade que tudo o que acontece tem uma razão de ser? Que não há efeito sem causa? Sim, só que não temos que viver atrás de razões mágicas a cada passo de nossa vida, para não nos tornarmos incapazes de lutar para conseguir as transformações que queremos.

A razão existia, sim, mas era muito simples e, como tudo na vida, trouxe sua lição, já citada: Se não entender uma pergunta, ou não conhecer seu conteúdo, não responda.

A causa foi simplesmente um comando errado, causa imediata, e a causa mediata responder sem conhecimento do que está sendo perguntado.

Isso para que não fiquemos a pensar que tudo o que acontece tinha que acontecer. Fomos viciados naquela ideia de um universo em que não tínhamos poder de intervenção e passamos a atribuir tudo o que ocorre a fatores externos e, de modo especial os religiosos, a fatores mágicos, imponderáveis.

O que aconteceu não estrava escrito. Foi escrito. Era apenas uma das possibilidades que se apresentavam e que se transformaria em realidade ou não, de acordo com a resposta dada à pergunta, escolha de minha consciência.

Por isso, nem sempre é fácil identificar a causa, e facilmente, em especial através do cultivo do pensamento mágico, podemos chegar a interpretações equivocadas.

Ao invés de pensarmos estar à mercê de um destino escrito nos seus mínimos detalhes, devemos nos habituar a administrar as possibilidades. Isso sim é uma manifestação de liberdade e nos torna responsáveis.

Isso quer dizer livre-arbítrio.

Dois objetivos, dois caminhos

Em *Alice no País das Maravilhas*, escrito por um lógico-matemático, Lewis Carroll, está esta passagem muito interessante:

O personagem, Alice, está perdido em uma encruzilhada, num mundo que lhe é absolutamente estranho, num mundo que não conhece. De repente, avista um habitante e, por óbvio, conhecedor daquele mundo, e pergunta-lhe:

"Amigo, qual o melhor caminho?"

"Depende de para onde queiras ir", responde o inquirido.

"Não sei", diz-lhe Alice.

"Então", conclui o habitante daquele estranho mundo, "não há caminho".

No filósofo Sêneca, encontramos: "Não há bons ventos para o viajor que não sabe a que porto se dirige".

A história nos leva a refletir sobre nossa missão na Terra e nossa intenção de busca. Isso, até porque o próprio Universo material é descrito pela Física em termos de energia e intenção.

Só se pode procurar caminhos e eleger o melhor quando se tem presente, e claro, onde se pretende chegar.

Sabemos que a finalidade da encarnação é levar os espíritos à perfeição, via vicissitudes da vida corpórea e enfrentar sua parte na obra da criação (pergunta 132, d'*O Livro dos Espíritos*). E para executar essa missão, tomamos corpos compatíveis com nosso estágio evolutivo, portadores de aptidões e tendências consonantes com a tarefa a ser realizada.

A capacidade de determinar os objetivos está ligada à evolução do espírito e sofre, evidentemente, influência da sociedade em que vive e da educação que recebe.

Aqui teremos dois exemplos de uma mesma situação física com caminhos, saídas, extremamente diferentes. Vamos a eles.

O filme *Mar a Dentro*, há poucos anos exibido nos cinemas, reacendeu a velha discussão: tem o homem direito de pôr fim à sua vida quando se vê frustrado em todos os seus objetivos?

A discussão se estabelece em nível jurídico, filosófico e religioso.

Na pergunta, fica clara a importância da palavra objetivos. O personagem do filme era um homem do mar. Cheio de vigor físico, tinha em suas aventuras mar a dentro a própria razão de existir. Esse homem, de repente, se vê tetraplégico. Preso a uma cadeira de rodas, contempla o mar e sente-se impossibilitado de exercer qualquer atividade que lhe dê prazer, sendo sua situação irreversível. Objetivos frustrados.

O clima criado pelo filme pode induzir muitos a pensarem que a morte é a grande solução diante da impossibilidade de cumprir qualquer objetivo de vida, encarada a existência física como meio e fim em si mesma.

Havia um cérebro lúcido e desesperado por um aonde-ir escolhido de modo definitivo.

Mas houve, na vida real, um tetraplégico, em condições físicas piores do que as do personagem do filme, pesquisando, fazendo ciência, desvendando a obra da criação, uma das finalidades da encarnação, segundo revelado a Kardec.

Falamos do físico Stephen Hawking, atingido pela esclerose lateral amiotrófica, situação física pior do que a do homem do mar.

Quando viu a progressão e irreversibilidade de sua doença, qual foi, em sua visão, o melhor caminho? Continuar a descobrir um fascinante universo, mergulhar em seus mistérios, tendo como único equipamento sua mente, seu espírito brilhante, continuar a brindar-nos com seu exemplo e a ensinar-nos com suas obras.

Fica claro o enigma e clara a resposta de Lewis Carroll: o melhor caminho é função de onde queremos chegar.

A Doutrina Espírita, acompanhada por vários pensadores da Filosofia da Ciência e pelas religiões em geral esclarece que a vida é o caminho da evolução.

Por isso, para todos os que compreendem a natureza espiritual do ser humano e a necessidade de nossas experiências corpóreas, sempre que houver entre opções presentes a alternativa de viver, a resposta correta será invariavelmente um sim à vida.

Kardec, um bandeirante da espiritualidade

Por que a expressão?

O território brasileiro, em razão do Tratado de Tordesilhas, firmado entre Portugal e Espanha em 1492, com a devida bênção papal, seria muito menor do que realmente é, se fora respeitado o acordo aludido.

Exploradores cautelosos, desbravando novos horizontes, estariam limitados em suas entradas pelo famoso Meridiano de Tordesilhas. Os que assim procedessem, respeitando tratado superado, em desacordo com a realidade, e por medo do novo, teriam feito um território brasileiro com menos de um terço de sua área atual.

Surgiram, então, os bandeirantes, com sua vontade inquebrantável de descobrir o novo, de alargar fronteiras, de dizer não a um bolorento tratado que pensava no mundo como propriedade de duas nações. Aqueles, dizendo não ao medo e às proibições de conquistas, ganharam novas terras, conquistaram espaços até então proibidos.

Pois vamos, metaforicamente, pensar no espaço da espiritualidade. Um terreno desconhecido da maioria dos humanos e restringido por tabus e proibições limitadoras, sem sentido lógico.

Resumidamente, encaremos dois pontos:

Primeiro: Deus.

As religiões tradicionais falavam em sua existência. Havia, para elas, um Deus todo-poderoso. A esse Deus, deveríamos amar incondicionalmente, sem fazer perguntas. Esse Deus, editara dogmas, por meio de procuradores que jamais exibiram um instrumento procuratório e obrigava a crer sem pensar. Era de um só povo, de uma só raça, de uma só crença, embora muitas houvesse e todos os seus ditos representantes máximos se arrogassem o direito de representá-Lo.

A fé, imposta muitas vezes com violência, não poderia ser questionada, sob pena de severas punições; a ciência deveria se submeter ao dogma. Não comportavam qualquer indagação da razão os cânones dogmaticamente instaurados.

Assim tínhamos um Deus cuja justiça não ficava clara à luz da razão e que não amava todos igualmente. Pior: amava alguns e, frequentemente, mandava matar outros.

Definitivamente, não escondia sua parcialidade.

Sem dúvida, tínhamos um modelo de divindade difícil de ser aceito pelos amantes da razão. Ciência e filosofia não conseguiam arrazoamentos que se coadunassem com esse modelo de ser supremo. E por ser esse o deus apresentado à humanidade, numerosos filósofos adotaram uma postura ateísta.

Surge o modelo spinoziano, substituindo um deus antropomorfizado e faccioso, por uma Lei Natural, que subjaz a todas as leis conhecidas e se faz presente por detrás do aparente caos, ordena o Universo.

Essa ideia, mais aproximada daquela que surgiria com a conceituação da Inteligência Suprema, fala melhor à razão, não afastando filósofos e cientistas.

Por óbvio, esse modelo pelas religiões tradicionais, sendo Spinoza execrado e excomungado por representantes do catolicismo e do judaísmo.

A postulação de Spinoza, aceita, por exemplo, por Einstein era um novo passo no terreno da espiritualidade. Como grande mérito, desantropomorfizava o Ser Supremo.

Assim tínhamos um Deus universal, criador do cosmos e das complexas leis que o governam.

Mas faltava algo. Esse Deus, particularmente, era inacessível ao homem. Uma lei à qual não se pode recorrer, um algo a que não se pode apelar.

Surge então o avanço, a síntese maravilhosa, falando numa Inteligência Suprema, que é lei, mas também – e isso faltava em Spinoza – uma expressão infinita de amor.

Um Deus infinito em todos os seus atributos, mas com profundo amor ao ser humano, criado por Ele para a constante evolução. Um Deus a Que se pode rezar. Sensível a nossas preces e atento a nosso merecimento.

Enfim, um Deus que é mais do que uma lei. Um Pai Amoroso que nos ama e que devemos amar,

E o espírito? E a sobrevivência ao transe da morte?

Religiões tradicionais falavam em uma continuação da vida, nunca muito bem esclarecida, prevalecendo no ocidente a ideia de uma bem-aventurança ou de um inferno eternos.

A alma existia, falava-se dela e, segundo essas crenças, continuava a existir depois da morte física.

Mas um estranho Meridiano de Tordesilhas proibia o contato dos mortais com ela. Os que partiam deste plano continuavam supostamente a existir, mas qualquer possibilidade de comunicação, de contato, restava proibida.

Então Kardec rompe esse meridiano, atravessa essa fronteira, estabelecendo conquista ímpar, alargando o território da espiritualidade.

Revela que os espíritos dos chamados mortos estão entre nós. Um extraordinário tratado sobre a mediunidade, chamado *O Livro dos Médiuns*, estabelece as condições de interconectividade entre o mundo dos ditos vivos e aquele dos chamados mortos.

Chega-se a um Deus, que é Inteligência Suprema e Amor Infinito. Um Deus que é Lei e é bondade. Um Deus de razão e, via de consequência, de fé raciocinada.

Assim o espiritismo, pela sabedoria de Kardec, nos diz que o território da espiritualidade vai muito além de superstições, de temores e de proibições injustificadas. Materializa a ideia de um Deus justo, através da explicação do mecanismo das reencarnações, sem cair no equívoco da metempsicose, ou de punições sem proveito, ao trazer o progresso como uma lei inexorável.

Aquele território, antes estreito, da espiritualidade avança no rumo do infinito pelo caminho da questão: Que é Deus? Pelo estudo e pela prática da mediunidade, que é a prova incontestável da continuidade da vida após a morte, e pela lei da evolução, a nos ensinar que amor e instrução representam a prática dos grandes mandamentos para o evoluir do espírito.

Sempre será pouco agradecer a Kardec por ter transformado problemas em soluções, medos em conhecimento e trazido do plano espiritual a confirmação do Evangelho de Jesus, esclarecendo o conteúdo metafórico de muitas parábolas e resumindo a lei e os profetas de antanho no simples e indispensável: Amai-vos uns aos outros.

A ciência e a Doutrina dos Espíritos

Ciência e não ciência, ou insapiência.

Quando determinados temas entram na moda – já aconteceu com a cibernética e com a relatividade –, e hoje acontece com a Física Quântica, pessoas sem cautela, desconhecedoras dos princípios fundamentais de uma teoria científica, a partir de leituras de prefácio ou de divulgação não fundamentada, apropriam-se indevidamente da terminologia científica e passam a divulgar, como postulado da ciência, conclusões pessoais ou de grupos que seriam cômicas se não fossem trágicas.

Fazem analogias pouco felizes e divulgam-nas como se fossem teoremas.

Não podemos esquecer que uma analogia, por mais adequada que seja ou pareça ser, não é uma demonstração científica, até por poder provir, simplesmente, de quem a cria num momento de suposta inspiração. E isso é mais ocorrente quando acontecem as mudanças de paradigma.

Quando isso ocorre, a alguns parece que o novo modelo permite concluir favoravelmente a uma matéria de fé, ou de crença pessoal que defendem e pretendem ver demonstrada cientificamente.

É necessário, para um ingresso autorizado no campo da Filosofia da Ciência, um conhecimento pelo menos razoável da disciplina em questão.

O que ocorre, atualmente, é o fato de que muitas pessoas, às vezes com boa intenção e outras nem tanto, usam a denominação *Física Quântica* para justificar malabarismos intelectuais que tentam transformar ciência em crendice, traçando comparações muito pobres entre leis científicas e suas crenças, que, como tal, têm efeito somente subjetivo.

Há enigmas no terreno da Física Quântica verdadeiramente desafiadores como, por exemplo, a não localidade e a influência da consciência do observador, no comportamento das partículas, nos fenômenos observados, não havendo uma resposta, dada pela ciência oficial, a respeito de o que se transmite num fenômeno não local e do mecanismo de influência da consciência, bem como de sua natureza.

A resposta estará no campo da Filosofia da Ciência? É uma fascinante questão em aberto e existem estudos sérios de conexões entre a ciência e a espiritualidade.

Tais estudos ainda encontram severa oposição em determinados meios científicos, que reconhecem os fenômenos, mas não querem estudar suas causas. Foi a decisão do famoso Manifesto de Copenhague.

Lembramos que na Filosofia da Ciência não existe o verdadeiro ou falso, característicos da Lógica de Predicados de Primeira Ordem. O que se examina é a plausibilidade de uma teoria. Não há decidibilidade.

Nesse sentido, não há contradição entre as leis vigentes da ciência e a ideia do espírito. O que não significa que a ciência tenha demonstrado a existência deste. Simplesmente há uma abertura.

Afirmar o espírito não contraria as linhas mestras do paradigma vigente.

Mas, o que mais prejudicial se torna à aceitação da espiritualidade no território da ciência é o desserviço prestado por aqueles que, desconhecendo a ciência e seus métodos, se arvoram como divulgadores de Física Quântica. Esta, por estar na moda, é a que mais sofre.

Vemos gurus de plantão, mestres de fancaria, cientistas de prefácio mal absorvido, anunciando seus milagres em nome da ciência.

É comum ouvi-los dizer que a "nova ciência" demonstrou isso e aquilo, sem a menor fundamentação. Costumam afirmar, por exemplo: tudo é quântico.

Há até *cursos* que prometem, entre outras benesses, até mesmo encontrar a pessoa amada, ou enriquecer sem capacidade nem esforço – este o prato preferido dos componentes do numeroso e crescente bloco do "me engana que eu gosto" – através da Física Quântica.

Com toda essa onda condimentada no tempero da pretensão e da magia, feita em nome da ciência, não se pode esperar uma aceitação fácil, do pensamento espiritualista por parte dos conhecedores daquela.

É essa mistura, são essas promessas, feitas em nome da ciência e de suas conexões com a espiritualidade que prejudicam enormemente a aceitação das conexões cada vez mais evidentes entre as duas áreas.

O aproveitador, sedizente espiritualista e conhecedor da ciência, oferece *estudos e cursos* cujo resultado é vencer sem esforço, ou por fórmulas mágicas, chamando esse embuste de curso de Física Quântica.

O logro expresso em nome da verdade tem efeito mais devastador do que o desconhecimento desta.

Fiquemos atentos.

Não foi à toa que Jesus disse: "Vigiai e orai". E o vigiar vem antes do orar, para que não se reze ao santo errado no altar indevido.

Fiquemos atentos e pratiquemos o bem. Estamos todos interconectados. Isso faz parte da ciência.

E é justamente por esses balizamentos, infelizmente esquecidos por alguns adeptos, que a Doutrina Espírita, em postulados que fazem jus a seu caráter científico, nos permite a dúvida e nos convida ao questionamento.

Isso é fazer ciência. É entender Kardec quando afirma ser preferível rejeitar verdades a aceitar mentiras.

A Doutrina dos espíritos é um convite ao pensamento crítico. Não nos entrega um pacote fechado em cujo conteúdo devemos acreditar sem abri-lo para o razoável exame.

Representa a união da ciência com a espiritualidade ao nos ensinar a fé raciocinada, tendo em Kardec o único líder na seara da espiritualidade que aplicou o método científico – o método indutivo-experimental – para concluir racionalmente sobre a natureza dos fenômenos observados.

Esse estudo pormenorizado validou a tese da imortalidade do espírito e fundamentou nossa evolução a partir dos ensinamentos de Jesus, com uma doutrina a ser estudada e vivenciada.

Conhecimento das leis da espiritualidade e ação em prol da humanidade.

Duas frases para pensarmos

1. Da Ciência contemporânea:
"A expectativa do fato cria o fato".

Qual nossa expectativa e nossa ação para aquele mundo melhor e aquela sociedade mais justa com que sonhamos?

A filosofia Rosacruz nos diz que "querer é poder, mas é preciso saber querer para poder criar".

Fazemos coro com aqueles que acreditam e propagam que o homem é aquele ser essencialmente perverso, de Sartre e Freud, ou, mesmo, o lobo do homem, da visão de Hobbes?

Tal expectativa cria uma psicosfera, uma radiação, uma sintonia, como quisermos chamar, com que tipo de fato? Cria ambiente para que tipo de eventos?

Vamos permanecer nós, autointitulados *sapiens*, como a única espécie capaz de se reunir para falar mal de si mesma?

Sem dúvida, há atitudes mentais mais positivas e produtivas.

Exatamente nesse sentido, há importantes advertências do Dalai Lama para aqueles que formam ou pretendem formar opiniões. Tais opiniões criam expectativas e estas estão quase sempre na origem dos fatos.

Ao gizarmos o negativo, o ruim, o sombrio, estamos colaborando com sua aceitação como algo imutável, quem sabe inerente à espécie humana.

Diz o Dalai Lama:

> O poder da mídia, seja exercido de forma direta ou indireta, é verdadeiramente um poder: ele atua sobre nós, modifica nosso comportamento, nossos gostos e, provavelmente, até nossos pensamentos.
>
> Como qualquer manifestação de autoridade, não pode ser aplicado de forma aleatória, pois corre o risco de se tornar arbitrário e irresponsável. Tal obriga os profissionais da mídia a assumirem um grau de responsabilidade compatível àquele exercido por religiosos e políticos. A seu próprio modo, contribuem para a criação e manutenção de uma comunidade humana. O bem-estar dessa comunidade deve ser sua maior preocupação.

2. Também da Quântica: "Somos emissores e receptores de energia, mas só recebemos nas frequências em que somos capazes de vibrar".

O amor atrairá o amor, o perdão atrairá a boa-vontade e a compreensão entre os homens. Perdoando teremos saúde física, psicológica e social. Construiremos uma sociedade melhor, fruto de nossas expectativas e ações no rumo da compaixão e da fraternidade.

Num mundo melhor, que nos cabe construir, com o desenvolvimento dos valores da espiritualidade, quem sabe nos perguntaremos, como fez minha mãe, numa poesia inspirada em seus ideais de fraternidade e paz, que reproduzo aqui em sua homenagem:

APELO À PAZ

Para que guerra, irmão, se depois, horrorizado
Verás que não valeu o sangue derramado;
Se o mundo a girar, não para jamais,
A vida que se perde não volta nunca mais;
E paz não haverá, enquanto com grandeza
Não imitarmos o exemplo da mestra natureza.
O sol a todos vem com seus raios iluminar,
De todos os peixes é a imensidão do mar,
De todos os pássaros é o espaço aberto;
Para eles não existem fronteiras, estou certo.
E se no maior reino, que é o reino dos céus,
Todos os seres são filhos de Deus,
Por que não fazermos neste globo pela vez primeira
Um mundo só de irmãos, Terra e crenças sem fronteira?

Natal, Ano-Novo, novo dia, novo homem

Sempre que nos aproximamos do Natal é importante lembrar, fundamental mesmo, da mensagem de Jesus e de quanto é ela necessária em nossas vidas.

Um raciocínio elementar nos mostra, ao logo da crise que vivenciamos nos últimos anos, que só o amor constrói e que fora da caridade não há salvação.

Ao Natal, segue-se um novo ano. Renovam-se os votos de felicidades e as expectativas de tempos de maior paz e tranquilidade.

Vencemos a terceira guerra mundial, já referida em artigo anterior e que repetimos em parte para ampliar argumentos. Ela surgiu, como comentamos, de forma completamente inusitada, exigindo recursos e armamentos não pensados, com um inimigo completamente diferenciado.

Todos nós estudamos as duas grandes guerras e, tendo em vista suas consequências nefastas – guerra só tem perdedores, em maior ou menor grau – principalmente a partir dos anos 60 e do recrudescimento da chamada Guerra Fria, temíamos uma terceira, cujas consequências seriam, fatalmente, devastadoras, talvez destruidoras da civilização ou da vida, em função da crescente letalidade dos armamentos.

Foi o que levou Einstein a dizer: "Não sei com que armamentos será lutada uma eventual terceira guerra mundial. Mas a quarta será com pedras e tacapes."

O crescente e devastador arsenal nuclear, estocado pelas grandes potências, e a crescente e retomada polarização entre as duas maiores, fazia-nos pensar, com verdadeiro horror, que uma terceira guerra reuniria diversos países, em torno dos dois grandes polos, Estados Unidos e União Soviética, naquele tempo, e o vencedor, se assim pudéssemos falar, seria o mais bem armado.

Pois, de repente, sem nos darmos conta, surgiu a terceira guerra mundial – e esta, mundial mesmo – para a qual estavam todos completamente despreparados.

O inimigo, um vírus invisível e de imenso poder destruidor. Um inimigo que não pode ser destruído com qualquer tipo de armamento, do convencional ao nuclear, com que se pensava seria lutada uma nova guerra.

Um inimigo terrível que, por paradoxal que pareça, fez de toda a humanidade um assustado agredido que precisava se unir contra um agressor, que não sabia como destruir.

Não houve nações contra nações. Houve, e ainda há, a humanidade contra o vírus, e a grande vitoriosa será a espécie humana, independentemente de raças ou nacionalidades, lutando pelo mais precioso de todos os bens: a vida.

O armamento decisivo para a vitória não estava construído. As armas para destruírem seres humanos e toda a pesquisa e tecnologia utilizada na sua fabricação, com o objetivo de ceifar vidas, se substituídas a tempo por pesquisa na educação e na coexistência fraterna, teriam nos levado a outro caminho.

Pois o inimigo que nos atacava só poderia ser destruído pelas *armas* produzidas pelo conhecimento científico voltado para o bem da humanidade.

Só o conhecimento produzido pelo investimento na educação, nos valores da saúde, na medicina – arte de curar – nos permitiriam alcançar a vitória, que finalmente começamos a consolidar, vislumbrando-a no horizonte de nosso porvir.

Mas, a tecnologia, por si só, não era, nem é suficiente para nos conduzir à grande vitória, ao retorno da paz de espírito e à ventura sem par de conviver com nosso próximo, eliminando as sequelas, de origem física e principalmente psicológica, deixadas pelo evento pandêmico

Aos fatores tecnológicos, como a produção de vacinas e de medicamentos eficazes, precisamos unir o desenvolvimento das faculdades espirituais, chamadas, a partir da pandemia, habilidades do futuro.

Ao conhecimento, fruto da pesquisa científica, precisamos unir o desenvolvimento e a prática da espiritualidade. A empatia, a fraternidade, a fé, não podem ter ocorrido na qualidade de eventos episódicos. Precisam se tornar marcas definitivas do nosso convívio.

Pois, com a pandemia, aprendemos, ou devemos ter aprendido, a grande Lei da Física Quântica, que é também uma lei fundamental da espiritualidade, a saber: a Lei da Interconectividade, que afirma que todos nós, numa maior ou menor medida, estamos interconectados.

Essa não é uma explicação extraordinária para a espiritualidade?

Nem tudo o que acontece, acontece para o melhor, dentro dos limites de nossa visão. Mas, mesmo assim sendo, devemos saber, com inteligência, de tudo tirar o melhor.

Aprendemos que não somos ilhas isoladas. Aprendemos que não existe o problema do outro, no sentido de ser só do outro, mesmo que este esteja a grandes distâncias. O problema do chinês não é só dele; o problema do nosso vizinho não nos é indiferente, o refrão egoístico do "cada um por si e Deus por todos" mostrou-se um grande equívoco.

Querendo ou não, no plano fático, a humanidade se uniu e só unida, cultivando sentimentos de compaixão e solidariedade, poderá rumar para dias melhores e, só assim, a cada fim de ano poderemos curtir a expectativa de um ano melhor.

É possível e, até mesmo, provável. Depende de nós. De associarmos ao resultado do extraordinário trabalho dos cientistas, a nossa produção de amizade e de boas energias, capazes de atrair melhores vibrações.

No mundo subatômico, onde se demonstra a influência da consciência do observador sobre o comportamento das partículas, sabemos que "a expectativa do fato cria o fato".

Sabemos, também, que somos emissores e receptores de energia e só recebemos nas frequências em que somos capazes de vibrar.

Isso quer dizer que, através de nossos pensamentos e emoções, criamos ou atraímos eventos compatíveis com essas energias, ou, no mínimo, ambientes mais propícios a seu aparecimento.

A esperança nos põe na frequência catalisadora de eventos positivos.

Ao contrário, o pânico, tantas vezes semeado nas agruras da fase pandêmica e no dia a dia de nossos noticiários, é o maior aliado das desgraças e seus semeadores, conscientes ou inconscientes, os criadores do cenário compatível com o desastre.

Por isso, pensar no bem, na elevação espiritual, nos insondáveis mecanismos da ação divina é construir o bem, é abrir o caminho da cura e da felicidade.

O pensamento é energia criadora.

Vamos, então, mostrar como diferentes pensadores, com linguagens distintas, apontam em nossa vida e para melhorar nossas atitudes o mesmo caminho ensinado pelo novo paradigma quântico-relativístico que, dito em poucas palavras, nos revelou que somos o produto de nossas mentes.

Em Emmanuel, através da psicografia de Chico Xavier, no livro *Vinha de Luz*, sobre curas espirituais, encontramos: "Quantas enfermidades pomposamente batizadas pela ciência médica não passam de estados vibracionais da mente em desequilíbrio?"

Observa-se aqui o que se chama, em termos do estudo das origens do universo, um modelo descendente, partindo do mais sutil para o mais denso, ressalvando a impropriedade de uma generalização não autorizada, pois nem sempre a causação está no menos denso, como no caso de um acidente com a quebra de um braço, por exemplo.

No trato de nossas doenças, além dos cuidados médicos indispensáveis à nossa cura, não esqueçamos de que, muitas vezes, a origem de toda a enfermidade principia nos recessos do espírito.

A doença, quando se manifesta no corpo físico, já está, muitas vezes, em sua fase conclusiva, em seu ciclo derradeiro.

Ela teve início há muito tempo, provavelmente naqueles períodos em que nos descontrolamos emocionalmente, contagiados que fomos por diversos *vírus emocionais*, potentes e conhecidos, como raiva, medo, inveja, mágoa, ódio e culpa.

Como muitas doenças vêm de dentro para fora, isto é, do espírito para a matéria, o encontro da cura também dependerá da renovação interior do enfermo.

Não basta uma simples pintura quando a parede apresenta trincas.

O físico quântico Basarab Nicolescu, criador, junto com o pensador francês Edgar Morin, do movimento da transdisciplinaridade, afirma e pergunta: "A antiga visão continua dominando o mundo. De onde vem essa cegueira? De onde vem esse desejo perpétuo de fazer o novo com o antigo?"

Se temos um novo modelo energético do homem. Um homem que, segundo o boletim da Organização Mundial da Saúde em 1998, é plenamente saudável quando tem saúde social, orgânica, psicológica e espiritual, por que continuamos a insistir com soluções parciais advindas de modelos que não contemplam a integralidade do ser humano?

Mas, sabemos, conforme ensinaram os espíritos a Kardec, que o progresso é uma lei. E, nesse sentido, vencendo as barreiras de um materialismo que não mais se sustenta diante da ciência contemporânea, vemos a criação da cadeira de Medicina e Espiritualidade em inúmeras faculdades de Medicina no nosso país e no mundo.

Assistimos a Sociedade Brasileira de Cardiologia afirmar que espiritualidade faz bem à saúde e vemos, a partir de Harvard, o conselho para que na anamnese os médicos perguntem ao paciente se deseja algum tipo de conversa ou assistência no campo da espiritualidade.

Também são realizados no meio acadêmico testes com todos os cuidados necessários a uma conclusão de caráter científico, demonstrando o poder de cura da oração, mesmo em casos em que o paciente não tem conhecimento de que haja alguém ou um grupo rezando por ele.

No mesmo sentido, de buscar novas soluções contemplando o ser em sua integralidade, Einstein adverte: "Nenhum problema pode ser resolvido a partir do mesmo nível de consciência que o criou. É necessário aprender a ver o mundo de uma maneira nova e revigorada."

Atuando na frequência vibratória do nível antigo – leia-se superado –, temos aquelas empresas que acreditam em metas fixas, sob o comando de chefes que entendem ser o temor do desemprego o melhor motor para mover seus funcionários e, felizmente cada vez mais raros, profissionais da saúde que, terminando de ouvir os sintomas relatados pelo paciente, entregam-lhe uma receita e um "passe bem". Formam o grupo dos fisicalistas, que não chegaram ao entendimento da medicina psicossomática e muito menos da inclusão da alma no todo humano.

Voltando a Emmanuel:

O Evangelho nos propõe tapar as trincas com a argamassa do amor e do perdão.

Nada de martírios e culpas pelo tempo que deixamos a casa descuidada.
O momento pede responsabilidade e não mais viver de forma desequilibrada.

Quem ama e perdoa vive em paz, vive sem conflitos, vive sem culpa.

Quando atingimos esse patamar de harmonia interior, nossa mente vibra nas melhores frequências do equilíbrio e da felicidade, fazendo com que a saúde do espírito se derrame por todo o corpo.

Vamos colocar entre as resoluções de cada ano novo, ou de cada novo dia, o começo de nosso tratamento?

Observemos que os ditos estão em perfeita consonância com as afirmativas da Física Quântica de que somos emissores e receptores de energia e que só conseguimos captar naquelas frequências em que vibramos.

Por isso, sigamos em frente como mensageiros da esperança, divulgadores da boa-nova entendendo que no presente e no milagre que é a vida, cada novo dia apresenta um conjunto de possibilidades, através dos sinais que o universo nos manda.

Decodificar esses sinais, muitos provenientes do mundo da espiritualidade, é tarefa de suma importância para entendermos a permanente capacidade de renovação, no rumo do êxito.

Enquanto as velhas crenças nos descreviam um panorama sombrio e imutável, dizendo de nossa impossibilidade diante de um destino predeterminado, a nova visão da ciência nos revela, a nossos próprios e atônitos olhos, como construtores de nosso futuro.

A velha ciência era determinista; as velhas crenças falavam no destino e as velhas religiões mais nos assustavam com os horrores do inferno do que nos gratificavam com a expectativa das delícias de um céu.

O modelo da velha ciência, bem como a teoria das velhas religiões, era determinista, adotando o Princípio da Causalidade Rígida. A Física Quântica adota o livre-arbítrio, até mesmo como elemento necessário à validação de seus postulados. Confirma, então, a Doutrina Espírita, bem como o entendimento atualizado de grande parte das religiões, que nos faz responsáveis, por termos capacidade de escolha: livre-arbítrio.

É o convite-desafio para uma nova viagem na qual não buscamos mundos exteriores, mas, sim, nosso universo interior que, holograficamente, contém o exterior.

É a interconectividade, o entrelaçamento, que levou Krishnamurti a dizer: "Eu sou esse mundo todo".

Não é desafiador sabermos que ao acordarmos, toda manhã, não só estamos diante de um novo dia com infinitas possibilidades, como também diante de um novo eu possível, de uma nova companheira ou um novo companheiro, mesma e única pessoa e, ao mesmo tempo, infinitas pessoas em termos de possibilidades?

Entender que nossos filhos, amigos, companheiros de jornada, assim como nós mesmos, estão plenos de novas possibilidades, talvez à espera de uma sinalização?

Encontrar nossos velhos sempre renováveis amigos, com uma nova tendência a materializar virtudes? A visão negativista do homem e do mundo tem vendido o pensamento de que só as negatividades se concretizam, a tal ponto de ser comum ouvirmos em cursos, palestras, entrevistas a pergunta: por que os pensamentos negativos têm mais força do que os positivos?

Esse questionamento revela a ideia falsa que nos venderam, de um mundo triste e de um homem voltado para o mal, o que, como sabemos, é contrário à nossa natureza.

Como más notícias parecem vender mais – na verdade são mais divulgadas –, costumamos prestar atenção em fatos e aspectos negativos. Essa atenção nos faz acreditar neles e colaborar com a sua repetição.

O conceito de um ser espiritual em permanente evolução, lógica e magnificamente apresentado pela Doutrina Espírita, nos esclarece que pensamentos são energias e que estas terão maior alcance e efetividade na justa medida em que acreditarmos em sua força transformadora.

O pensamento é matéria de criação da realidade.

Nada do que foi dito é puramente místico, ou invocador de um pensamento mágico. É simples dedução do que nos informa a Filosofia da Física, ao encontro dos postulados codificados por Kardec.

Evolução, perenidade, espiritualidade são afirmados a partir de uma correta interpretação dos cânones da ciência contemporânea.

Chega de delimitações, basta de mesquinharias, de bondades interesseiras e de medo do pecado!

Somos energia indestrutível, vocacionada para o progresso.

Podemos e devemos nos libertar das antigas amarras a que nos prendia uma visão deficiente do mundo e de nós mesmos.

Chega de ter medo da felicidade!

Nosso estágio na condição humana tem como finalidades básicas a aprendizagem do amor e a felicidade.

O novo homem, que desejamos e podemos construir, o chamado homem do mundo pós-pandêmico, pós-transição planetária é incompatível com a pequenez da alma, a desarmonia e o conformismo.

Podemos e devemos, acreditando nos ensinamentos atuais, ser felizes, o que logramos, não na contemplação de desgraças ou adotando o vitimismo, mas sabendo que somos cocriadores de um universo de infinita luz e sabedoria.

Ou preferimos vibrar nas velhas frequências da expectativa do mal, da ganância, dos ressentimentos que, entre outros eventos lamentáveis, produzem como consequência ao viver de duas guerras em 2024?

Aguardemos cada ano novo, mas também cada novo dia com fé e esperança nos nossos corações, lembrando sempre que o futuro é a nossa construção de agora e que Jesus é o caminho, a verdade e a vida.

O espírito na estrutura da matéria

A ciência reconhece, hoje, a existência de dois aspectos no Universo: o objetivo e o subjetivo.

Assim ocorre com nossas experiências, emoções e percepções. Há experiências que poderíamos chamar externas, que são compartilháveis, e experiências internas, que são não compartilháveis.

Como exemplo das primeiras, as compartilháveis, externas, podemos citar as percepções sensoriais. Todos podem ouvir os sons que eu ouço, todos podem ver as cores que eu vejo, mas entre as internas situam-se as decorrentes de estados de espírito.

Ninguém pode sentir o amor, a alegria ou a dor que estou sentindo. Dessa forma, a matéria como causa de tudo explicaria as experiências compartilháveis, mas não forneceria subsídios, elementos para explicar as demais, as subjetivas.

A ideia da matéria como causa de tudo nos levaria à chamada criação ascendente, teoria que estabelece que, partindo dos componentes materiais mínimos, bósons, *quarks*, prótons, etc., chegaríamos a explicar todo o criado e manifesto, inclusive o surgimento da consciência, ou da mente, como epifenômeno do cérebro que, materialmente, se forma a partir de átomos, moléculas... elementos materiais.

No entanto, ao procurarem no núcleo do átomo a dureza indestrutível, a substância da realidade, os cientistas se encontraram com a energia, e as partículas passaram a ser meras possibilidades e, como uma soma de possibilidades, é sempre possibilidade – assim como uma soma de moedas é sempre um número de moedas –; faltaria uma base lógica para explicar a realidade.

Retomando as experiências objetivas e não objetivas, podemos entender as primeiras como de origem material, identificadas pelos sentidos, mas as não objetivas, de natureza completamente diferente, são aquelas em que nada de material é percebido, conduzindo, por óbvio, a outro tipo de captação, que envolve outra forma de perceber e outro tipo de elemento percebido ou sentido. Vale dizer: a experiência interna não é material.

Segundo Amit Goswami, físico, PhD, os objetos são possibilidades da consciência. Essa é uma corrente de pensamento inovadora na Física

Quântica, embora não seja a única, e muitos cientistas ainda se fixem apenas na verificação da existência e repetibilidade dos fenômenos inovadores, sem desejar perquirir-lhes o porquê.

Então, sendo a consciência, em termos quânticos, o ente criador da realidade, seria correto afirmar que ela é parte material e parte imaterial? Estaríamos, no caso, diante do dualismo e da extrema dificuldade de explicar como se daria a interação entre o aspecto material e imaterial. Seríamos obrigados a conceituar um mediador, pois duas coisas, ou aspectos, que nada têm em comum não poderiam se comunicar, agir conjuntamente, sem esse ente intermediário.

Do mediador, teríamos que determinar a natureza e, assim, seria ele um terceiro ente que, para ser explicado, provavelmente necessitaria de mais outro, e nos perderíamos em um emaranhado, terminando por criar entidades sem identidade que deveriam se encontrar com a navalha de Ockham.

Por isso a posição mais lógica, não dualista, é entender que o Universo seja feito de Consciência, que o cérebro seja feito de consciência e não pretender que esta, realidade, seja feita daquele, possibilidade.

Giordano Bruno, morto cruelmente pela Inquisição genovesa afirma: "O mundo não é somente feito por Deus, mas de Deus".

Antes da Física Quântica o valor da explicação científica se fundava exclusivamente na observação dos fatos, vale dizer no empirismo, e o esquema da construção da verdade científica alicerçada nessa base se construía seguindo a sequência: Fatos empíricos – Física – Química – Biologia – Psicologia – ... Com o surgimento da chamada "era da consciência", consciência que o mundo acadêmico admite, mas confessa ainda não ter condições de definir, o esquema mudou para: Consciência – Fatos empíricos – Física – ...

O cosmólogo quântico John Wheeler afirmou que a melhor maneira de descrever o Universo, ainda que muito imperfeita e inadequadamente é compará-lo a um pensamento puro. É dele também a instigante pergunta a valorar a consciência: "Será que olhar para trás agora dá realidade ao que aconteceu naquele tempo"?

Em Kardec, pergunta 7 d*O Livro dos Espíritos*, encontramos:

Pergunta 7. Poder-se-ia encontrar a causa primária da formação das coisas nas propriedades íntimas da matéria?

Resposta: Mas, então, qual seria a causa dessas propriedades? É sempre necessária uma causa primária. Atribuir a formação primária das coisas às propriedades íntimas da matéria, seria tomar o efeito pela causa.

Vemos aqui a perfeita harmonização entre a Ciência do Espírito e as conclusões de ponta da Física contemporânea, que decretou a perda da substancialidade da matéria, submetendo-a ao primado do espírito.

Há mais: a Física Quântica informa que matéria é energia organizada. Daí, por curial princípio de lógica, pode-se concluir que a organização não é produto da matéria.

O que se pode pensar ou dizer não é a realidade absoluta, que é indizível e talvez, ainda inimaginável. Através dos óculos de nossa finitude humana enxergamos a infinidade divina, visualizando-a assim como nós somos, mas não como ela é. Daí, antropomorfizarmos Deus.

Sobre o *nada* que poderia originar o todo, concordam, relativamente a essa impossibilidade, físicos, espíritas e espiritualistas, segundo a questão 23-a d*O Livro dos Espíritos*. Vale dizer que a Consciência Cósmica, o Algo Essencial procedeu com Inteligência Suprema e Planejamento. E o fazer o mundo do nada, literalmente, não faz sentido.

A Doutrina Espírita, bem como o pensamento avançado das doutrinas espiritualistas em geral, está nessa conexão de ciência e espiritualidade.

Grande responsabilidade para nós, espíritas, que temos a missão de apresentá-la àqueles que a desconhecem, sabendo que uma apresentação adequada dos princípios doutrinários começa pelo exemplo, continua no estudo de sua filosofia e se materializa na prática do "Fora da caridade não há salvação".

Medo da morte:
haverá remédio? Ou consolo?

Tal medo, retratado na sensação perene de finitude e na consciência da irreversibilidade do tempo é, em maior ou menor intensidade, uma presença ocasional ou, nos casos mais graves, permanente no pensamento dos vivos.

Haverá um antídoto?

Razões suficientemente críveis para afastar esse incômodo visitante de nosso universo mental?

Para começar, deve-se entender a inutilidade de brigar contra as leis da natureza; de travar um combate quixotesco contra o imutável.

Mas o simples admitir a inevitabilidade, por vezes, ao contrário de confortar, amplifica as aflições, diante de algo tão imprevisível, quanto inevitável.

Ateus e teístas buscam argumentos para que as pessoas possam se tranquilizar um pouco mais.

Para os ateus, o argumento de que o nada é a ausência de tudo, inclusive de problemas, sendo esse nada o que sucede à morte, tenta trazer um conforto, na linha do dizer de Ludwig Wittgenstein, lógico e filósofo da linguagem:

– A morte não é um fenômeno da vida, porque, quando acontece, não estamos mais lá. Isso quer dizer que a morte ocorre fora da vida e, via de consequência, não é algo a temer, porque não a vivenciaremos. Será ela, a morte, e o nada.

Na mesma linha, Clarice Lispector entende que vivemos entre dois nadas: o antes de nascer e o depois de morrer. Assim, do mesmo modo que não nos preocupamos por não existirmos quando Napoleão ordenou um tiro de canhão contra a esfinge, na ocasião em que suas tropas invadiram o Egito, não devemos nos preocupar porque não existiremos daqui a 200 anos, por exemplo.

Nesse sentido, o argumento ateísta para a tranquilidade em relação à morte consiste em isentar o nada que "seremos ou não seremos" de qualquer tipo de sofrimento.

De fato, o nada não dói, mas também não goza e não é agradável a ideia de trocar o ser pelo não ser.

O argumento talvez console, talvez, respeitando as posições concordantes, seja mesmo real, mas não retira a aversão ao fim, porque não é boa a ideia de deixar de ser, de deixar de existir, apesar de não ser sofrida a inexistência, o que não torna tranquila a sua expectativa.

De outro lado, as religiões tradicionais ensaiam um consolo pela negação do fim. A vida continuará, logo a morte não é o fim do existir. Seria uma transformação no tipo de vida, mas a essência, o espírito ou alma continuaria a viver.

Assim, aparentemente, os credos tradicionais afastariam o temor da morte trocando-o pela crença na continuidade do viver.

Mas aí encontramos dois problemas:

Um: A falta de evidências, uma vez que para muitas crenças o contato com os seres que partiram é impossível e a impossibilidade de comunicação de qualquer tipo com algo ou alguém desse plano inquina para a conclusão da sua inexistência.

Dois: Mesmo superado pela fé, o problema do continuar a existir, o outro mundo não parece ser de todo tranquilo.

Há sustos enormes com o terror do inferno e sua eternidade. Melhor seria viver alguns anos e chegar ao nada do que a um inferno para sempre. Um eterno sofrer, sem qualquer possibilidade de melhora, de resgate de culpa, de saída.

As crenças antigas se concentraram muito mais em desenhar os terrores do inferno do que em pintar as belezas do Céu.

Isso reforçou o temor de morrer, abandonando uma vida, mesmo com problemas, mas também com alegrias, para partir rumo à maldição eterna.

O medo do castigo gerava uma obediência e uma fé cegas e um verdadeiro pavor da morte, pelo fato de que a ela se poderia seguir uma punição eterna.

Citamos Lucrécio, 49 a.C., como um, entre tantos filósofos, que se rebelava contra essa atitude das religiões de fazer do medo do inferno a motivação para uma conduta ética.

Daí, verificamos que, nem a expectativa do nada, nem uma vida eterna de horrores no inferno, ou, penso eu, e um nada fazer no céu, podem afastar o medo da morte.

E se chegássemos a um meio termo? A uma fé raciocinada que investigasse o que ocorre após a morte, num outro plano de existência, permitindo o diálogo com os que lá estão, o que seria a prova de seu existir, via de consequência, da continuidade da vida?

Eliminaríamos o problema 1.

E se nos fosse dito que sempre será possível resgatar nossos débitos, que não existe punição eterna e que a Evolução é uma lei aplicável a todos os espíritos?

E se entendêssemos que podemos resgatar dívidas, resultantes de malefícios causados aos outros e cobradas por nossa consciência, vivenciando novos encontros e oportunidades, em novas vidas, sempre com o objetivo de aprender a amar?

Eliminaríamos o problema 2.

Passaríamos a não temer a morte como fim, nem as eternas agruras, ou as melancolias contemplativas de uma outra vida, sem conquistas e crescimento em qualquer dos seus mundos possíveis, inferno e céu.

Estaríamos então entendendo *O Livro dos Espíritos*; estaríamos estudando Kardec; estaríamos repetindo com Divaldo que a mediunidade é a prova maior da imortalidade, permitindo a conexão dos ditos vivos com os chamados mortos.

Estaríamos filosofando com lógica e esperança, entendendo Léon Denis, na magistral obra *No Invisível*. Estaríamos diante da luminosidade esclarecedora da Doutrina dos espíritos e sua mensagem fundamental: Amai-vos e instruí-vos e, ainda, Fora da caridade não há salvação.

Esclarecidos pela Doutrina, temos na comunicação dos espíritos, testada e confirmada à saciedade, a certeza de que não há um fim e de que fomos criados para aprender a amar e sermos felizes, tangidos pela imutável Lei do Progresso.

A revolução de Kardec

No aperfeiçoamento de um elo entre a pesquisa do espírito e o conhecimento científico, Kardec surge como o justo meio-termo.

Libertar do âmbito religioso-dogmático a análise do que concerne ao espírito, tratando-a com metodologia própria da ciência, para disso tirar consequências éticas, é o objetivo de sua obra.

Por muito tempo, a intolerância preconceituosa de um lado e a submissão ao dogma, de outro, separaram a pesquisa do espírito e suas características da esfera do conhecimento científico.

Espírito era do domínio exclusivo das religiões. Seus atributos seriam revelados e não pesquisados.

Aí residiu a enorme dificuldade do cristianismo com os povos gregos, pois enquanto para estes o conhecimento era algo a ser buscado pelo caminho da indagação, entendiam aqueles que os dados referentes ao espírito seriam revelados por um ser supremo, dispensando, via de consequência, a investigação e, o que é pior, proibindo o livre exame das informações-revelações das questões atinentes à espiritualidade.

Kardec admite a comunicação, mas não a reveste de caráter de verdade absoluta. O revelado, via comunicação, deve passar necessariamente pelo crivo da razão.

As filosofias e religiões orientais, por outro lado, não examinam racionalmente seus postulados.

Crer seria uma questão de sensibilidade a um mundo mais *sutil* e *verdadeiro*. O mundo físico é considerado *maya*, ilusão, logo não há qualquer interesse na pesquisa de suas leis.

Kardec inova ao aplicar a metodologia da ciência para a investigação do espiritual.

Parte de um raciocínio lógico muito importante: se a essência do homem, o espírito, sobrevive ao transe da morte física, pode comunicar-se.

Como a evolução é contínua e há sempre muito a aprender, a simples condição de desencarnado não dá ao espírito a onisciência.

Daí porque Allan Kardec, o bom-senso encarnado no dizer de Camille Flammarion, aconselha que se filtrem as informações espirituais, seja qual for sua fonte e presumível origem, com a razão.

No dizer do codificador do espiritismo, é preferível rejeitar verdades a aceitar mentiras. Kardec propõe, na investigação dos fenômenos do espírito, uma metodologia baseada no chamado método científico de Galileu Galilei.

A observação cuidadosa dos fenômenos permitirá a corroboração ou não de hipóteses a eles relativas. Esse tipo de conduta, investigativa e não dogmática, ensejou que cientistas da estirpe de William Crookes e Charles Richet se aproximassem do espiritismo com o fim de investigar seus fenômenos.

Para que se tenha uma ideia das produções científicas de Crookes e Richet, e consequentemente de sua capacidade investigativa, lembramos que:

Charles Richet foi laureado com o Prêmio Nobel de Medicina em 1913 e William Crookes recebeu a Medalha Real em 1875, Medalha Davy em 1888, Medalha Copley em 1904 e Medalha Cresson em 1912.

Kardec estabelece respeitosa relação com o avanço da ciência.

Sabendo que a ciência evoluirá por suas próprias forças, não tenta estabelecer o primado da fé sobre a razão.

Pelo contrário, a fé, para Kardec, tem que ser raciocinada, e isso só é possível, segundo o codificador, acompanhando o progresso científico.

"Fé raciocinada só o é aquela que for capaz de encarar a razão face a face, em todas as épocas" (Allan Kardec).

Vemos nessa renovação revolucionária uma necessária e até então esperada intersecção entre os campos da ciência e da espiritualidade, um convite a cortar as amarras do medo, a investigar e a concluir, sempre em sintonia com a razão.

Um convite à libertação da ideia de verdades absolutas, pois o conhecimento evolui com nossa capacidade de entender o Universo, quer dizer, a obra de Deus, que nos permitirá a compreensão da espiritualidade, mesmo em meio à violência característica dos pontos de mutação, e a utilização integral de nossa inteligência.

O bem e a saúde

Atitudes fraternas, voltadas para o amor, bem como a capacidade de perdoar, são fatores importantes para nossa saúde, em seu sentido mais amplo.

Ao cultivarmos rancores, ressentimentos, inveja, cometemos dois erros básicos:

Um: Estamos dopando nossas células. Através dessas emoções, produzimos no nosso hipotálamo aminoácidos que em maior ou menor quantidade serão absorvidos por elas, que, constantemente alimentadas por eles, irão cobrar indiretamente do cérebro a sua produção.

De um modo elíptico, as células acostumadas aos químicos produzidos por emoções negativas irão pedir ao cérebro a sua produção em escala crescente.

Como são produzidos através de pensamentos e emoções ruins, o pedido das células, numa tradução metafórica, será do tipo: briga com alguém, não esquece o desaforo que fulano te fez, concentra-te na inveja e vai achar e divulgar defeitos daqueles que te provocam ciúme, quando deveriam provocar admiração.

E assim, transformam-se as células em microscópicos obsessores. Obviamente, é possível reverter o quadro assumindo o controle de nossas emoções e não permitindo a permanência, se eventualmente não lhes percebemos o ingresso, dos pensamentos destrutivos.

Dois: O coração amargurado envia mensagens ao cérebro e ambos produzem campos eletromagnéticos, produtores de efeitos nocivos no campo físico, mental e espiritual.

Produzindo essas frequências, características de campos gerados por maus sentimentos, estabeleceremos sintonia com ondas de mesmo teor vibratório, ou seja, estamos sintonizando com a negatividade, abrindo-lhe nossos canais receptores, fazendo verdadeira varredura nas emissoras do baixo astral.

Os dois erros, antes descritos, se somam. Viciamos nossas células, sob o ponto de vista biológico e entramos em sintonia com negatividades, sob o ponto de vista dos campos que criamos e que nos rodeiam.

E quanto a colocar a culpa em eventuais obsessores? Mesmo admitindo sua influência, devemos entender que por alguma razão os atraímos.

Se vibrarmos em sintonia com a Mente Suprema, desenvolveremos condições de felicidade, acessaremos o espiritual superior e com isso, como demonstrado à saciedade, pelos estudos de Candace Pert e Joseph Dizpenza, entre outros tantos, fortalecendo nosso sistema imunológico.

Assim, aprendemos a viver em condições amoráveis, o que nos liberta da angústia espiritual de nos sentirmos afastados da trilha evolutiva, diminui as possibilidades de depressão e afasta os estados de estresse, os grandes inimigos da pressão arterial.

Nesse sentido, a fé nos permite o vislumbre de horizontes mais amplos e uma programação de vida capaz de contemplar adequadamente nossa realidade espiritual.

Por isso, a prática da espiritualidade requer envolvimento em emoção, requer amor.

Se não houver um certo grau de paixão, de entusiasmo, seremos, talvez, intelectualmente espiritualizados, mas não chegaremos àquele patamar onde poderemos viver momentos de experiências indescritíveis, de profunda comunhão com o todo e a indizível alegria sentida quando fazemos o bem.

É assim em tudo na vida, porque é assim na essência. O trabalho feito com amor é gratificante, aquele feito só por obrigação é tanto mais cansativo e desagradável, quanto mais a expectativa do cansaço substitui o entusiasmo pelos resultados.

O entendimento dos processos de cooperação inerentes à evolução espiritual nos torna éticos por compreensão da nossa grandeza e não por imposição de leis divinas absolutamente coercitivas, geradoras do medo de terríveis castigos.

Aqui reside uma diferença fundamental entre a moral das crenças ortodoxas, nitidamente proibitiva, pois nos mandava fazer o bem sob a ameaça de castigos severíssimos – oito dos dez mandamentos do Velho Testamento começam com *não*, observando, ainda, que um dos dois que começam com outra palavra, logo em seguida apresentam o advérbio de negação, como é o caso do primeiro – e a moral espírita, moral propositiva, baseada no livre-arbítrio e na compreensão da Lei de Causa e Efeito.

Essa moral de nossa Doutrina Espírita, que nos leva a uma prática natural da ética, se coaduna com o aconselhamento do grande filósofo Immanuel Kant: "Age de tal modo que a máxima dos teus atos possa se converter em um princípio de legislação universal".

Esse agir nos liberta de sensações de culpa e de pecado, com todas as suas consequências destrutivas.

A Doutrina Espírita, que sempre encontrou respaldo na melhor Filosofia e na mais adequada interpretação da ciência, nos ensina o bem pelo bem, por adequado à nossa natureza e não por medo de castigo.

É o entendimento do dizer do filósofo brasileiro Huberto Rohden, que asseverava, conforme sabemos que o bem que fazemos aos outros é que nos faz bem porque nos torna bons.

Criacionismo e evolução

Sem dúvida, o homem das cavernas não é o homem de hoje. Do Neandertal para cá houve significativo aumento da massa cerebral e, as até pouco desprezadas ideias de Lamarck retornam, na medida em que se demonstra a influência do meio causando modificações somáticas, que ao longo do tempo se tornam hereditárias.

A postura criacionista ortodoxa, com base num casal inicial, Adão e Eva, pode, no máximo, ser considerada uma metáfora, mesmo assim profundamente contraditória. Impossível pretender adotá-la literalmente, dentro de princípios elementares da lógica e de um mínimo de conhecimento científico.

Aliás, a admissão literal dessa lenda trouxe sérias complicações, a partir de sua incompatibilidade com o conhecimento científico.

Pesado fardo para os dogmatistas que não entenderam Kardec, ensinando que diante de demonstração científica sobre questão pertinente ao domínio da ciência, cabe à Doutrina, como deve caber a qualquer religião, reformulação sobre o respectivo quesito.

Nascemos para evoluir, para sermos felizes e para buscarmos a verdade que liberta. Por isso, sabendo que a noção de verdade evolui historicamente, nunca devemos pretender ter chegado à compreensão de tudo, imaginando que numa cartilha qualquer, por ampla que seja, possa estar contida toda a verdade.

O finito, como é o caso de nosso conhecimento, evolui sempre, mas não pode conter o infinito.

Nesse sentido, Léon Denis, em 11 de setembro de 1888, no Congresso Espírita de Paris, salientando o caráter não dogmático, consequentemente progressista da Doutrina Espírita, declarou:

– Não vos viemos dizer que devamos ficar confinados no círculo, por mais vasto que seja, do Espiritismo Kardequiano. Não; o próprio mestre vos convida a avançar nas vias novas, a alargar sua obra.

– Estendemos as mãos a todos os inovadores, a todos os de boa-vontade, a todos os que têm no coração o amor à humanidade.

Dentro desse conceito progressista e racional, Kardec nos disse ser preferível rejeitar verdades a aceitar mentiras.

Esse dito de Léon Denis deveria estar exposto em todos os Centros e órgãos do movimento espírita, sendo de leitura obrigatória, principalmente para os dirigentes, presidentes, responsáveis, pois muitos há, lamentavelmente, que parecem pretender substituir o "Fora da Caridade não há salvação" por "Fora do Espiritismo não há salvação", o que, segundo Chico Xavier, se assim fosse dito, não o levaria a tornar-se espírita.

Há ainda muita arrogância, talvez de inquisidores recém-reencarnados e introduzidos no conceito da reencarnação e da comunicação dos espíritos, que os leva a não aceitar ideias que difiram de sua interpretação, muitas vezes acanhada da obra do codificador.

Repetindo Léon Denis: "Estendamos a mão a todos os inovadores, a todos os de boa-vontade, a todos os que têm no coração o amor à humanidade".

Espírita intolerante não entendeu a doutrina e afugenta, afasta dela, por lhe transmitir uma imagem negativa e equivocada, muitos dos que nela buscam a compreensão. É o vírus que se introduziu no organismo e exige deste, formado pelos pensadores da doutrina, providências para sua eliminação.

Daí, ser a Doutrina dos Espíritos uma doutrina aberta, em franco progresso e não um conjunto de preceitos inquestionáveis, dogmáticos, o que inibirá o uso da razão.

Razão que recusa a aceitação literal de Adão e Eva, até porque, após serem únicos no mundo, tiveram três filhos: Caim, Abel e Sete. Caim matou Abel, fugiu para outras terras e se casou.

Com quem, se ninguém mais existia fora dessa primeira e desafortunada família?

O texto é incompatível com os estudos referentes à evolução, tanto das espécies, quanto do próprio conhecimento.

A ciência, inicialmente materialista e determinista, chegou a novos conceitos, com ampla abertura para a espiritualidade, reconhecendo a energia do pensamento e descobrindo novos campos, a preencher os antigos vazios newtonianos.

A ideia do tudo pronto, da causalidade rígida, da previsibilidade absoluta é substituída pelas possibilidades que temos de escolher e, assim, a partir de nossas escolhas, construir.

Uma nova biologia, não-determinista, contempla os valores emocionais e ambientais, na formação do caráter, sendo as emoções capazes de agir sobre o antes intocável DNA, o que, sem dúvida, aumenta a responsabilidade dos pais no núcleo familiar e das famílias nos grupos sociais.

Emoções dos pais são percebidas pelos filhos, mesmo na vida intrauterina.

E, se no Universo nenhum pensamento se perde, se tudo está interconectado, quão eficientes e produtivas serão as relações familiares, principalmente se, na sinfonia vibratória que pretendemos ver executada nos nossos lares, o grande maestro for o amor.

Esse sentimento é a pedra de toque, o efeituador, no plano simbólico, do sonho dos alquimistas de transformar tudo em ouro. Transformar nossas vivências, às vezes um amálgama de metais pesados, no ouro do entendimento e da fraternidade.

É para amar que estamos ligados. É para cultivar o amor que temos nossos filhos, espíritos com histórias próprias, mas que, acima de tudo, devem ser amados.

O respeito à sua individualidade e à sempre amorosa correção de rumos, sabendo estabelecer limites, fazem parte do amor dos pais.

Amar os inimigos?

Seria possível seguir esse conselho de Jesus?

Estaria o Mestre ensinando que devemos devotar a inimigos o mesmo carinho que temos por nossos filhos, pais e amigos?

No *Evangelho Segundo o Espiritismo*, capítulo que tem por título "Amai-vos uns aos outros", há uma explicação extraordinária.

Diz o texto que "geralmente nos equivocamos quanto ao sentido da palavra *amor*, aplicada a essa circunstância".

Jesus não pretendia dizer que se deve ter pelo inimigo a mesma ternura que se tem por um irmão ou por um amigo. A ternura pressupõe confiança. Ora, não se pode ter confiança naquele que sabidamente nos quer mal. Não se pode ter para com ele as efusões de amizade, desde que se sabe que é capaz de abusar delas. Não se pode, enfim, ter a mesma satisfação ao encontrar um inimigo, que se tem no convívio com um amigo.

E assim continua a explicar o verdadeiro sentido do amar os inimigos.

Não significa desejar conviver com eles e, muito menos, prestigiá-los ou enaltecer suas ações negativas.

Significa, outrossim, não perder tempo e energia desejando-lhes o mal e, se possível, até mesmo orar por eles, para que, reconhecendo seus erros, possam se encaminhar para a luz.

Por isso, não nos faz bem o acompanhamento minucioso de notícias sobre atrocidades. O acompanhamento de noticiários sangrentos e catastrofistas resulta num alimento danoso para nosso psiquismo.

Isso naturalmente nos faz odiar o responsável pelos atos criminosos, e essa raiva, absolutamente normal, nos faz mal.

Daí, o "amar os inimigos" tem muito mais o sentido de não lhes desejar mal.

Mas o que quer dizer isso? Desejar que escapem das penas da lei e continuem delinquindo?

Certamente, não.

Desejar-lhes o bem significa desejar-lhes um sincero arrependimento e o ingresso no campo da ética. Não cultivar ódio, porque este faz mal a quem odeia.

É profilático abster-se do conhecimento de detalhes de fatos que nos conduzem ao ódio ou ao pânico. Nesse sentido, há um erro grave cometido até mesmo por pessoas inicialmente bem-intencionadas.

Verifiquemos o viés perigoso:

As religiões nos ensinam que devemos combater o mal.

Correto. Mas, frequentemente, daí se segue uma lógica perversa: O mal é uma entidade em abstrato e, via de consequência, um ente que não podemos combater fisicamente.

Mas, o mal se manifesta nas ações dos maus. Então, sendo impossível prender ou matar o mal, deriva-se para matar aqueles que o representam, aqueles que o praticam, a saber: os maus.

Mas, quem são os maus?

Aqueles que não acreditam no mesmo Deus, aqueles que não professam a mesma fé, aqueles que não rezam pela mesma cartilha ideológica. E daí, justificamos inquisição, guerras religiosas, assassinatos produzidos por ditadores.

Não podemos aceitar essa lógica destruidora dos valores humanos.

Por isso, é muito mais correto desenvolver o amor ao bem do que cultivar o ódio ao mal, que, como todo o ódio, é mau conselheiro.

A Doutrina Espírita, ao nos ensinar o perdão e a Lei do Progresso, nos mostra que os efeitos do ódio podem se estender a várias encarnações, mantendo inimizades e desentendimentos prejudiciais a nosso desenvolvimento espiritual.

Simpatias e antipatias podem ter origem, até mesmo, em vidas pregressas e representam amarras a impedir o voo do espírito.

Não é fácil, mesmo na forma exemplificada pelo Mestre Jesus, amar os inimigos.

Mas, as grandes conquistas costumam ser difíceis e, por isso, gratificantes. Difícil não é sinônimo de impossível. Este é, muitas vezes, um pretexto para abdicar da luta.

Podemos lembrar Henry Ford ao dizer: "Alguma coisa é impossível até que alguém vai lá e faz".

Cultivando o amor e buscando o conhecimento, chegaremos lá.

"Amai-vos e instruí-vos."

Consciência criadora

"Necessitamos de uma maneira espiritual nova e revigorada de entender a natureza do que é o ser humano, porque os modelos antigos, as velhas mitologias, a antiga monarquia, rei, Deus, contra a velha maneira legítima do cientista de fazer tudo, estão mortos. Devemos enterrá-los." (Fred Alan Wolf, Físico, PhD)

"Liberdade de consciência é uma das características da verdadeira civilização e do progresso" (Parte final da resposta à pergunta 837 d*O Livro dos Espíritos*).

Pois a nova maneira espiritual de entender o ser humano implica o reconhecimento da consciência como o verdadeiro ser.

Cada vez mais, vamos entendendo a supremacia do imaterial sobre o material, do campo sobre a forma, do espírito sobre a matéria.

Nesse sentido, e sabedores da existência do livre-arbítrio, entendemos, num universo de possibilidades, que temos escolha, que fabricamos o nosso destino, usando a consciência como elemento efeituador da transformação do possível no atual.

Só o entendimento do espírito nos faz compreender a ação da mente, que é imaterial.

Somos descritos como emissores e receptores de energia. Pensamentos e emoções são energias que nos põem em contato com um Universo em que a energia é a fonte de criação da própria matéria que perdeu a sua substancialidade. Assim, recebemos e cedemos energia, como num sistema aberto, e o importante é saber que só recebemos naquelas frequências em que somos capazes de vibrar.

Por isso, nossa essência espiritual criará mais adequadas condições a nosso progresso, ou não, dependendo da faixa frequencial em que vibrarmos.

É mister, entretanto, que se saiba em que condições podemos criar realidade.

A consciência que cria não é uma consciência egocêntrica, mas, sim, uma consciência em expansão.

É consabido e demonstrado cientificamente que percebemos mais, além das informações sensoriais, quando nos encontramos nos estados alterados de consciência.

A expressão não é feliz e remete àquela antiga ideia de mentes doentes, iludidas, delirantes.

Na verdade, deveríamos dizer estados ampliados de consciência. Nessas situações, ampliamos a percepção sensorial, não a enganando por ilusões, ou alucinando, mas amplificando-a, deixando vir à tona nossa parte espiritual, nossa essência muitas vezes adormecida.

Essa consciência, nome que físicos mais avançados na Filosofia da Ciência dão ao que chamamos de espírito, é o elemento criador.

É a consciência do observador, que altera o comportamento das partículas subatômicas, que deve nos levar às melhores escolhas diante das infinitas possibilidades que se nos apresentam no dia a dia.

O homem sempre progrediu quando se deu conta de sua tarefa de cocriador.

Há muitas pedras na natureza, mas onde se constrói um templo, um cais, uma escola, verificamos a mão do homem, organizando o material, de acordo com o planejamento de sua consciência, mostrando que a criação ocorre no sentido do mais sutil para o mais denso.

Isso é lindo e profundo e, sem dúvida, um chamamento à responsabilidade.

Nossa responsabilidade, como arquitetos de nosso destino, começa no correto pensar, que determina o agir consciente e a realização das mudanças necessárias na busca permanente de nossa realização integral.

Destino ou livre-arbítrio

Para começo de conversa, devemos entender que destino e livre-arbítrio são posições excludentes entre si.

Pela via do livre-arbítrio temos escolhas que nos permitem tomar decisões, transformando-nos em arquitetos do nosso viver. Isso significa que, via de regra, temos liberdade de escolha, o que implica liberdade e a consequente responsabilidade, pois segundo Kant, o homem é o único ser a quem podemos perguntar: Por que fizeste isso?

Há ainda a considerar nossa situação de cocriadores.

Na verdade, somos criadores que desconhecem seu próprio poder de criação e é justamente o desconhecimento desse poder que nos leva a acreditar num destino, que nos nega possibilidades de escolha, porque tudo em nossa vida já estaria predeterminado, situação em que não teríamos mérito nem culpa, apenas a execução compulsória de um *script* predeterminado, imutável.

As doutrinas espiritualistas em geral, assim como o espiritismo em particular, falam em liberdade de escolher, o que implica, como dissemos, a consequência natural da liberdade, a responsabilidade.

Essa é a linguagem da Física contemporânea, que não é aquela do materialismo realista, quase uma consequência inferível do mecanicismo que adotava o Princípio da Causalidade Rígida, hoje substituído pelo Princípio da Incerteza, de Werner Heisenberg.

Com o conhecimento da verdade, saberemos quais as escolhas – já que as temos – compatíveis com as leis naturais de que fala *O Livro dos Espíritos* e com nossa natureza de consciências em evolução, estaremos criando as verdadeiras condições de felicidade.

Paradoxalmente, encontramos muitas pessoas sedizentes espíritas, esoteristas, umbandistas a falar em livre-arbítrio e, simultaneamente, se dizerem crentes no destino, muitas vezes com base numa leitura equivocada da ideia do carma.

Pensemos bem. Acreditar no destino é despojar-se de toda e qualquer responsabilidade, pois tudo o que vai acontecer, conosco e com a humanidade, das boas ações às guerras, já está decidido.

Esse é um dos fatores que unem ufanistas e pessimistas. Estes nada fazem porque, dizem, não adianta. Tudo vai mal e só pode piorar; aqueles também se unem ao nada fazer porque acreditam que tudo está o melhor possível e Deus, no comando, não permitirá nada de ruim.

Vamos entender bem que destino e livre-arbítrio são incompatíveis. Pretender sua possível coexistência é contrariar o terceiro princípio da Lógica de Predicados de Primeira Ordem, criada por Aristóteles.

Não é possível A e não A, no mesmo lugar e ao mesmo tempo.

Usando a simbologia da Lógica: – (A&-A).

Identificar cada termo, cada expressão em seu significado é essencial para um bom entendimento e principalmente para evitar contradições. Já as temos em número exagerado e evitá-las é um bom antídoto contra o caos.

Já não basta o contrassenso de quem se diz comunista-cristão?

Falsos dilemas

Algumas vezes por razões didáticas, muitas outras por falta de visão ampla, holística, da realidade, começamos por separar conceitos, na busca de compreensão mais precisa.

É o método analítico, consistente da decomposição do todo em suas partes, buscando, pelo entendimento destas partes, chegar à compreensão daquele.

Há, no entanto, um erro fundamental cometido no entendimento indevido de que separações, fragmentações do conhecimento, geram antagonismo entre as partes.

Assim, durante muito tempo se entendeu que matéria e energia eram estados excludentes, o mesmo ocorrendo com onda e partícula e, em outros ramos do conhecimento, com cerebralismo e humanismo, fé e razão, ciência e espiritualidade.

No terreno da ciência, a Física, com Einstein, De Broglie, Bohr, Schrödinger e outros tantos pioneiros da revolução quântico-relativística foi desmontado o equívoco do *ou* excludente, substituindo-o por um *e/ou*, em função do observador.

No terreno da Filosofia, coube ao Espiritismo demonstrar, através da adoção da fé raciocinada, a definitiva união entre ciência e fé, abandonados os radicalismos dos dois lados, levando-nos a compreender que conhecimento espiritual e conhecimento científico não são antagônicos, mas complementares.

Carl Sagan, físico, cosmólogo e grande divulgador da ciência no século passado, afirmou que "a ciência não é somente compatível com a espiritualidade; ela é uma fonte profunda de espiritualidade".

Por óbvio, Sagan se referia à espiritualidade num sentido amplo do desenvolvimento daquelas características humanas que devemos cultivar, tais a empatia, solidariedade, etc.

A Doutrina Espírita foi a primeira filosofia espiritualista a utilizar o método científico para validar suas conclusões e, assim sendo, não só permitiu, como incentivou, a dúvida razoável, que aprofunda a investigação e qualifica a hipótese corroborada.

Não apresentou um conjunto de princípios inquestionáveis e dogmáticos, mas, sim, uma renovação que permitia examinar cada hipótese exaustiva e comparativamente, antes de concluir, o que é característico do pensamento científico.

Segundo Immanuel Kant, há três graus de crença: a opinião, que apresenta duas insuficiências, subjetiva e objetiva; a fé, ou convicção, que apresenta suficiência subjetiva, mas não objetiva, uma vez que posso crer em qualquer superstição e me satisfazer com essa crença, mas essa é exclusivamente pessoal, não tendo poder de convencimento sobre outros, e o saber que apresenta dupla suficiência, subjetiva e objetiva, ou seja, vale para quem sabe e para quem não sabe.

Exemplificando:

Primeiro grau de crença: a opinião.

A opinião é o nome mais sofisticado do palpite. Sua insuficiência é subjetiva, pois nem mesmo aquele que opina tem plena convicção do que diz. Por isso, diz, "eu acho que".

Embora no idioma francês exista uma diferença entre "je crois que" e "je pense que" sendo o primeiro mera manifestação de crença, em que o próprio falante não buscou qualquer fundamento para opinar, e o segundo modo de expressar, o "eu penso que" indique uma quase convicção, embasada em algum estudo do falante, estamos diante de opinião pessoal e nem mesmo convicção pessoal.

Assim, não há efeito subjetivo; o próprio falante não está certo do que diz, muito menos objetivo, que significará um efeito de convencimento sobre os outros, ou algo verificável na natureza.

Já a fé, em seu sentido tradicional, ou convicção pessoal, embora portadora de suficiência subjetiva – o crente está convicto do que afirma –, não tem eficiência objetiva. Não é algo que se possa demonstrar, em termos de existência ou atuação, de modo a ser objetivamente comprovado, logo capaz de a todos convencer.

Uma revelação, uma visão, só vale para quem nela crê, daí não ser suficiente para fundamentar a própria fé que a valida, levando a um círculo vicioso e, por vezes, perigoso.

Os que acreditam ter obtido revelações do próprio Deus, entendem que os seres humanos não podem questionar a revelação recebida, em função da autoridade que a forneceu: o próprio Criador.

Na verdade é uma busca ao velho "argumento de autoridade". Questiona-se o *revelado* porque se pode questionar a autenticidade da fonte e assim a dita revelação só tem efeito de verdade, de conhecimento, para quem a recebe.

Quantas vezes tomamos conhecimento de revelações atribuídas ao plano espiritual, do tipo: "Um espírito me disse" ou "Os espíritos me disseram", o que já a princípio caracteriza na fonte um sujeito indeterminado.

Perguntaríamos: de que espírito ou espíritos vieram as supostas revelações?

Outros há que obtêm suas informações, lendo nos astros. Pura crença pessoal, logo de efeito meramente subjetivo; sem entrar nas célebres, repetitivas e genéricas previsões de Ano-Novo, em que os profetas de plantão anunciam que haverá enchentes, que morrerá algum político conhecido, sem qualquer especificação que pudesse ser prova objetiva da veracidade da profecia.

Há um ponto perigoso. Nas chamadas revelações pode haver, por parte de quem ou dos que as recebem, uma pretensão de possuidores de uma verdade absoluta a inspirar crenças fanáticas.

Observemos a diferença. Ninguém se mata por causa da matemática ou de uma ciência. Há discussões, provas e contraprovas, mas chega-se a algo conclusivo. É questão de saber, de conhecimento.

Quantos se mataram por causa de livros sagrados e até mesmo do mesmo livro? É confundir questão de convicção, fé, com questão de conhecimento, saber.

O terceiro tipo de crença, retomando Kant, é o saber. Este sim tem suficiência subjetiva e objetiva.

A Lei da Gravidade atua sobre os corpos, independentemente de se crer nela ou não. Aí está o saber, com seu duplo efeito: subjetivo, pois quem a conhece e estuda crê em sua existência, e objetivo, porque sua realidade pode ser demonstrada a todos, independentemente de fé.

Pois a fé raciocinada elevou a fé, naquele sentido tradicional de crer apenas por razões subjetivas, à categoria de conhecimento, de verdadeiro saber, pois percorre o caminho da ciência, olhando a razão face a face, permitindo em todos os quesitos estudo e experimentação, incentivando a dúvida razoável.

É antídoto poderoso contra o fanatismo a que o dogmatismo costuma conduzir e que tantas vezes derrapou para o terreno das guerras religiosas.

Na mensagem de razão e fé, implementando a caridade, a doutrina evita o problema do intelecto puramente científico e alienado que pode configurar uma verdadeira tragédia humana. Contempla razão e coração, instrução e amor, melhor dito, instrução para o amor, materializado na prática da caridade.

Um saber humano e espiritual objetivando o "progredir sem cessar" na prática do que Léon Denis chamou com extrema propriedade "a Ciência do Espírito".

E, para reforço de nossos ideais, vemos através da Psicologia Positiva, da Física Quântica, da Biologia e da Medicina a concordância em afirmar que o amor faz bem à saúde e que a empatia (disposição para a caridade) gratifica.

Então, o Espiritismo substitui *ous* excludentes, por conexões para as quais funciona como elo perfeito.

Não é cerebralismo ou humanitarismo. É cerebralismo e/para humanitarismo.

Não é razão ou fé; é fé fundada na razão e, por isso, inabalável.

E esse binômio amor-conhecimento é desde muito reconhecido como fator de saúde mental.

Citamos Spinoza: "A saúde mental é, em última análise, manifestação do viver de modo correto, de acordo com as exigências da natureza humana. Mas, se a pessoa cobiçosa pensa apenas em dinheiro e posses, e o ambicioso só em fama, projeção, holofotes, não se os julga insanos, porém apenas incômodos; em geral, tem-se desprezo por eles. Mas, de fato, cobiça, ambição, etc. (levados a *ext remo*) são formas de insanidade, embora não se pense nelas como uma doença."

E o padre Basílio de Cesareia (329 ou 330 – 379 d.C.), fundador de uma ordem cuja principal característica era levar o serviço e a alegria de seus monges à comunidade, perguntou:

– Quem toma a roupa de alguém é chamado ladrão; mas quem não veste o necessitado, embora podendo, merece outro nome?

Pois, ciência não exclui fé, intelecto não exclui emoção e, definitivamente: É o bem que fazemos aos outros que nos faz bem porque nos torna bons.

A coragem mais sutil

As lições de Jesus, cuja capacidade de compreensão e percepção do alcance aumentam em função de nossa evolução, se demonstram sempre e cada vez mais atuais.

Em Matheus, V: 38 a 42, ensina-nos o Mestre a célebre e pouco compreendida lição de oferecer ao agressor a outra face quando aquele nos fere em uma.

Ao explicar que não devemos tomar essa máxima de forma literal, o *Evangelho Segundo o Espiritismo* nos esclarece que tal procedimento deixaria o campo livre aos maus, que nada teriam a temer, explicando que o próprio instinto de conservação, uma lei natural, nos diz que não devemos entregar o pescoço ao assassino.

Jesus não proibiu a defesa, mas condenou a vingança, e a supracitada obra traz frase lapidar:

– Para o orgulhoso, o oferecer a outra face parece covardia, porque ele não compreende que há mais coragem em suportar um insulto do que em se vingar. Estamos diante de um revigorado conceito de coragem. Diferente daquele expresso na reação límbica, primitiva, de responder à violência com força ainda mais brutal, essa coragem diz respeito a enfrentar os desejos de vingança, como parte do burilar a pedra bruta que somos.

É a coragem própria dos que perdoam, dos que entendem que seu nível é de crescimento espiritual e corajosamente seguem o caminho da luz.

Repetimos: não é proibido defender-se, na mesma medida em que não é útil vingar-se.

Basta ceder ao instinto, para aplicar o "olho por olho, dente por dente" cujos seguidores, geralmente, não ficam nem mesmo no um por um. Na perda de um, querem tomar mil. Isso não se coaduna com o crescimento espiritual.

Quando crianças, muitos de nós tivemos as chamadas dores do crescimento e, tivéssemos consciência e capacidade de escolha, optaríamos por suportá-las, pois nossa natureza nos impeli a crescer. Teríamos coragem para tanto.

Assim, para crescer espiritualmente precisamos dessa nova coragem, para não ceder ao ódio, à vingança e a outros tantos impulsos negativos, que devem dar lugar ao cultivo do amor, da compaixão, do perdão.

Cristo lançou a semente, esperando nossa coragem de fazer de nosso coração a terra fértil em que germine, cresça e frutifique.

O justo entendimento de que nosso caminho nos leva a um patamar superior ao da vingança nos faz sabedores de que ofensas partidas de níveis inferiores não devem nos melindrar, pois, verdadeiramente, não podem nos atingir.

É preciso coragem!

Sobre Natal e presentes:
possível perda da essência

Vamos imaginar um grupo de adolescentes conversando sobre o Natal. Surge a figura de Santa Claus.

A1: Poxa, nossos pais não cansam de mandar alguém vestido de Papai Noel para fazermos os pedidos, isso já tá ficando chato.

A2 Talvez via Papai Noel seja mais fácil recusar ou dizer que o pedido não foi entregue.

A3: Acho que é por saudade do tempo em que eles, nossos pais, eram crianças, quando ainda se acreditava em Papai Noel.

A4: De qualquer forma, vamos fazer nossos pedidos, pois assim já ficarão sabendo o que queremos. Vamos continuar o teatrinho.

Papai Noel (**Santa Claus** para americanos e americanófilos): "Ho, ho, ho", (nunca vi alguém, deste lado do Equador, rindo assim): "Feliz Natal. O que desejam os amigos"?

Vamos usar SC para identificar Papai Noel como falante.

A1: Uma bicicleta.

SC: OK. Mas, vamos pensar, uma bicicleta irá melhorar sua vida e a dos outros? Será realmente o mais importante do Natal?

A1: Não pensei nisso, mas que é bom ter uma bicicleta, é bom.

SC: E quanto a você, jovem amigo?

A2: Eu queria um par de tênis Nike para jogar basquete.

SC: Muito bem. Só uma pergunta. O tênis, por si só, fará você jogar bem? Além do tênis há vontade em seu coração? Mas vamos adiante. E você, A3?

A3: Bom, Papai Noel, eu queria paz para a minha família.

SC: Parece um bom começo. Uma família em paz, com amor nos corações, por certo irá gerar bons sentimentos que constroem uma vida feliz, onde tênis e bicicletas aparecerão de acréscimo. Mas a paz isolada é possível, amigo?

A4: Então, acho que devo pedir paz para a humanidade.
SC: É um pedido difícil, que, entretanto, seria muito fácil, se todos seguissem a mensagem do menino, cujo nascimento comemoramos hoje. Sabem o que se comemora no Natal?
A2: O nascimento de Jesus.
SC: E o que há de importante no nascimento de Jesus?
A1: Que ele morreu por nós.
A3: Que ele era o Filho de Deus.
SC: Mas que significado tem essa vinda do filho de Deus para nós? Acaso nos deixou algum presente, já que trocando presentes comemoramos sua vinda?
A1, A2, A3 e A4 pensam... Um deles fala: Parece que não, pois era muito pobre.
SC: Mas presentes são somente coisas que se podem comprar? Há pouco, A2 não pediu felicidade? E, falando nisso, esse menino não teria nos indicado um caminho para essa felicidade?
A2: Ah, sim! Meus pais falam frequentemente nos ensinamentos de seu Evangelho.
SC: E se os homens seguissem esses ensinamentos não seriam mais felizes? Teríamos guerra, fome, egoísmo?
A1, A2, A3 e A4: Sim, entendemos, mas falávamos de presentes.
SC: Exatamente, porque nesse dia recebemos um presente que não quisemos desembrulhar e deixamos escondido.
A1, A2, A3 e A4: Que presente?
SC: Uma mensagem de amor para que todos os homens se tornem irmãos. Uma mensagem capaz de construir um mundo novo a partir de nossos corações e mentes.
A1: Acho que posso falar por todos: queremos bicicletas, tênis e outros presentes materiais, mas, acima de tudo, vamos pedir: Paz na Terra aos homens de boa-vontade.

A cólera

Vale a pena encolerizar-se? Sair dos padrões civilizados e partir para gestos e atitudes que, certamente, nos envergonharão?

As desvantagens da cólera, expressa ou reprimida, raiva, estão demonstradas à saciedade.

O médico espanhol Dr. Mario Alonso Puig, membro da Harvard Medical School de Nova Iorque e da Associação Americana para o Avanço da Ciência, deu importante entrevista à jornalista Ima Sánchez, publicada no diário espanhol *La Vanguardia*, com o título: "Lo que el corazon quiere, la mente se lo muestra".

Na entrevista, o cirurgião faz menção a uma disciplina que chama *psiconeuroimunobiologia,* que estuda a conexão existente entre o pensamento, a palavra, a mentalidade e a fisiologia do ser humano. Uma conexão que desafia o paradigma tradicional.

Afirma Puig que o estresse, essa sensação de permanente agonia, produz mudanças surpreendentes no funcionamento do cérebro e na função hormonal, mudanças essas capazes de lesionar neurônios da memória e do aprendizado localizados no hipocampo. Isso afeta nossa capacidade intelectual, por deixar sem fluxo sanguíneo adequado aquelas zonas do cérebro responsáveis pelas tomadas de decisão.

Estudos recentes e em pleno desenvolvimento, no campo da cardiologia, têm demonstrado que os pensamentos negativos, de modo especial o ódio, gerador da incapacidade de perdoar, resultam num processo de auto envenenamento, redutor de qualidade e de tempo de vida.

Ao alimentar a raiva, produzimos hormônios altamente prejudiciais à nossa saúde, além de estreitarmos os vasos sanguíneos, ficando mais predispostos aos acidentes cardiovasculares.

Pois todo esse conhecimento que demonstra a necessidade de praticar, ou até mesmo aprender a exercitar os sentimentos da espiritualidade superior, amor, perdão, compaixão, solidariedade..., evitando os males, inclusive físicos, dos sentimentos negativos, já estava dito no *Evangelho Segundo o Espiritismo*.

Em mensagem intitulada *A Cólera*, recebida em Bordeaux em 1863, transcrita no Capítulo IX, do citado Evangelho, um espírito protetor antecipa todo esse conhecimento, fazendo importantes revelações, a título de alerta.

Primeiramente, faz um estudo aprofundado sobre a origem, a fonte primordial da cólera, identificando-a no orgulho. Diz:

– O orgulho vos leva a vos julgardes mais do que sois, a não aceitar uma comparação que possa vos rebaixar, a vos considerardes, ao contrário, de tal maneira acima de vossos irmãos, seja na finura do espírito, seja no tocante à posição social, seja ainda em relação às vantagens pessoais, que o menor paralelo vos irrita e vos fere.

Podemos lembrar o famoso: "Sabes com quem estás falando". Essas atitudes tolas de orgulho e superioridade terminam sempre em episódios de cólera, de exercício de prepotência.

Diz-nos o espírito protetor que subscreve a mensagem, da vergonha que sentiríamos se pudéssemos, noutro momento, nos vermos agindo em atitudes coléricas. Certamente ficaríamos envergonhados de nós mesmos.

E, após identificar a origem da cólera, passa o protetor a examinar suas consequências, hoje amplamente comprovadas pela ciência. Diz:

– Se o encolerizado pudesse pensar que a cólera nada resolve, *que lhe altera a saúde, compromete sua própria vida,* veria que é ele mesmo sua própria vítima.

Vemos a ciência comprovando a necessidade da espiritualidade, para todos os seres humanos.

E, assim, vamos concluir com o espírito protetor da mensagem de Bordeaux em 1863:

– O espírita, aliás, é incitado por outro motivo: o de que a cólera é contrária à caridade e à humildade cristãs.

Deus e nós ou Deus em nós?

A pergunta que se impõe é como vemos, ou melhor, como sentimos Deus.

As teologias tradicionais sempre colocaram-No distante, separado, inatingível.

Assim como a investigação científica separava definitivamente o observador do objeto observado, criando aquela ideia analítica de examinar as propriedades do todo como o somatório das propriedades das partes, havia nas crenças um deus completamente separado do universo e do homem, embora seu criador.

Esse ser, distante, inalcançável, dificilmente poderia ser amado e nossa compreensão sobre ele seria por demais limitada. Daí, a dificuldade de amá-Lo e sentir Sua presença.

Mas, tal presença se torna evidente quando lembramos Giordano Bruno que afirmava: "O mundo não é somente feito por Deus, mas de Deus".

Como do nada, nada se tira, fica claro que o Supremo Arquiteto deu de si, de sua luz, para a formação de tudo que existe. Houve um momento da criação, uma vez que a ciência abandonou a ideia da eternidade e consequente incriabilidade da matéria.

E se Deus deu de si para a formação do Universo, tudo o que existe é parte do Absoluto. Há em tudo uma centelha do criador, o que leva ao próprio vocabulário da ciência a expressão *grau de consciência das partículas*.

Nós, que em relação à consciência das partículas, comparando-a com uma pequena pedra, seríamos um sol de consciência, vamos evoluindo buscando uma sintonia cada vez mais eficaz com a consciência maior.

Podemos pensar com Deepak Chopra, que propõe ser a mente de Deus uma versão infinita da nossa mente. Sendo assim, todos os nossos pensamentos seriam movimentos no interior da mente divina, e daí decorre ser irrelevante nos proclamarmos crentes ou ateus.

Deus, por certo, está em nós, aspecto imanente, mas não contido em nós, aspecto transcendente, pois o finito não pode ser continente do infinito.

Mas, por estar em nós, pode ser percebido, sentido por nossa consciência, porque se estivesse fora dela, a consciência humana, ele não existiria, ao menos, para nós.

A afirmação é consistente com a linguística que define realidade como sendo aquilo que podemos decodificar, ou de que podemos nos dar conta, ao menos em uma certa medida.

Há uma importante questão, proposta por Einstein a Rabindranath Tagore, quando o Físico e o místico e poeta se encontraram em 1935.

Einstein, que pretendia chegar a ler a mente de Deus, pergunta a Tagore:

– Você acha que Deus está separado de nós?

Ao que Tagore responde:

– Não, a natureza humana pode encontrar o divino.

– Como?, indagou Einstein.

A resposta foi:

– Fundindo-se à realidade fundamental. Vivemos em um universo humano, e a eternidade reflete o humano eterno. Você tem se preocupado em procurar o tempo e o espaço. Falo sobre o humano eterno, porque sem nós não há tempo nem espaço.

De fato, a Física Contemporânea nos afirma que antes do Big-Bang, não tem sentido falar em tempo ou espaço. Houve um não tempo, num não espaço. Pois, sem a consciência a observar, as noções de tempo e espaço desaparecem.

Sem a percepção pela consciência, a noção de Deus desapareceria.

Por isso, essa ideia está inscrita na consciência do ser humano, e em medida menor, das coisas, desde os primeiros momentos da evolução.

Daí se rejeita a ideia de Deus, distante e intangível, bem como aquela panteísta de um Deus soma de todas as coisas do Universo, que o transformaria, no dizer da pergunta 19 d*O Livro dos Espíritos*, em efeito, ao invés de ser causa.

Chegamos a uma concepção de imanência transcendente e, num cosmos onde tudo é energia e intenção, entendemos ser a Inteligência Suprema alcançável por nossas vibrações, embora os limites naturais de nosso entendimento sobre ela.

Vibrar no bem, pensar positivamente, cultivar o amor são formas de sintonizar, vale dizer, receber a energia divina.

O conceito primordial é que nem somos o absoluto, nem estamos impossibilitados de conexão com ele. Tal conexão se torna possível quando temos foco e sintonia no bem. Aí, o deus em mim, saúda o deus em ti e como deuses, em potencial, nos ligamos ao Absoluto.

Tudo isso é possível na frequência adequada.

Não há milagres, no sentido de quebra das leis naturais. Somos receptores com infinitas possibilidades de sintonia, mas só sintonizamos, quer dizer, captamos, aquelas frequências em que somos capazes de vibrar.

O Deus do amor, diferente dos deuses das religiões do medo, nos ama. Não sabemos como, mas sabemos que nos ama, pois, se assim não fosse, por que nos teria criado, com toda a capacidade de questionamento, investigação e busca de que somos dotados?

Segundo James Wheeler, da Utah State University, o universo se parece mais com um pensamento do que com qualquer outra coisa que pudermos imaginar.

Um pensamento tem uma origem e uma marca de qualidade.

O Universo será um pensamento do Supremo Arquiteto, com a marca propositiva e fundamental do amor.

Sabendo que a própria matéria é ilha da luz, aperfeiçoamos nossa consciência e com pensamentos de amor e luz passamos a sentir Deus em nós e a respeitar o Deus em todos.

Esse o sentido lógico da tão sonhada fraternidade universal.

Espiritualizado ou religioso?

Na verdade, as duas expressões, embora possam e, até mesmo, devam andar juntas, não têm o mesmo significado. Não apresentam sinonímia.

É simples entender.

A espiritualidade é uma característica do estado evolutivo em que nos encontramos. Manifesta-se e cresce de dentro para fora.

A religião é uma escolha que se faz e implica a concordância com normas externas, por vezes rituais, que elegemos na medida em que estão mais congruentes com nossos pensamentos.

E as marcas distintivas são evidentes.

O ser espiritualizado se caracteriza pela nobreza de sentimentos e pela retidão de suas atitudes. Cultiva a compaixão e, mesmo que seja um agnóstico, vive, sem qualquer interesse em recompensa na terra ou no céu, praticando o bem e pensando positivamente.

O religioso, na maior parte das vezes, é fiel à sua fé, à instituição que a representa, embora até mesmo pelos mandamentos de sua religião, nada impeça a presença dos elementos que caracterizam a espiritualidade superior em seu viver.

Entendemos, então, que alguém declaradamente ateu, que paute sua conduta pela ética, que saiba ouvir e auxiliar aqueles que dele necessitam e pratique, com o nome que lhe quiser dar, a caridade, cultivando sentimentos altruístas, é espiritualizado, mesmo que não entenda o sentido do termo da mesma forma que entendem os espiritualistas. A palavra é polissêmica; o que vale são as atitudes convergentes.

Já aquele que mata, tortura, exclui em nome de qualquer religião, é, sem dúvida, religioso, mas não é espiritualizado.

Espiritualizamo-nos, isto é, crescemos em entendimento, amor e evolução na justa medida em que somos autores e promotores do bem. Esse bem desenvolve nossa capacidade de amar e apreciar a vida com otimismo, jamais confundido com ufanismo.

Temos, entretanto, alguns cacoetes lamentáveis.

Diante de um belíssimo dia de sol e temperatura agradável, quantas pessoas ouvimos dizer: É, vamos pagar caro esse bom tempo; virá, em breve, frio e muita chuva.

Não é um legítimo deixar de gozar o agora belo e agradável, trocando-o por uma incerta previsão de um amanhã ruim? Não é optar por deixar de aproveitar uma realidade boa para viver imaginariamente um futuro ruim e ainda culpar o bom de hoje pelo pensado ruim de amanhã?

E quanto às pessoas que acham que agradá-las é simples e estrito cumprimento do dever, que inclui concordância plena, beirando a submissão e contam, em relação aos outros, apenas os eventualmente considerados comportamentos negativos?

O parceiro, amigo, etc. tem dez boas atitudes e uma só, considerada negativa, derruba toda a paz da relação, demonstrando intolerância, rancor, na base do *eu já sabia que o bom não ia durar!*

Expressões do tipo "é bom demais para ser verdade" indicam que acreditamos, e, por isso, em certa medida criamos o que não é bom. De onde vem essa tendência de só dar credibilidade ao mal? É preciso eliminá-la.

Lembremos a Física contemporânea: Até no mundo das partículas atômicas, a expectativa do fato cria o fato.

Então, vamos cultivar pensamentos de espiritualidade, ou seja, de esperança. Vamos acreditar que temos força para promover mudanças, começando por seguir o conselho de Gandhi: "Seja você mesmo a mudança que quer ver no mundo". Vamos identificar problemas, mas jamais adotar a crença de que sua solução é impossível. Isso é conformismo, parente próximo da preguiça.

Ser um coconstrutor de um mundo melhor, desenvolver a maior de todas as capacidades que é a capacidade de amar, não ver só o homem lobo do homem, de Hobbes – matemático, teórico político e filósofo inglês, autor de *Leviatã* e *Do Cidadão* – e da interpretação freudiana ortodoxa, mas ver, sentir e ser o homem irmão do homem, preconizado por Jesus.

Aí, não será preciso bater no peito e afirmar uma crença qualquer, protagonizando atitudes excludentes, com orgulho de dono da verdade, pois estaremos emitindo e recebendo boas energias e, assim, implementando nosso grau de espiritualidade.

Detalhes sobre Céu e Inferno

Admitia Ptolomeu, o famoso astrônomo de Alexandria defensor do geocentrismo, a existência de onze céus e denominava o último Empíreo, por causa da luz nele reinante.

A teologia, então, falava de três céus:

O primeiro, físico, formado pela região do ar e nuvens, atrás das quais, por algum tempo, entendiam estar localizado o trono de São Pedro, porteiro atento aos pretendentes a ingressar no Paraíso, situado logo adiante.

No segundo Céu da teologia cristã, giravam os astros e no terceiro, logo além, estaria a morada do Todo-Poderoso.

Kardec estabelece que o Céu, no sentido de lugar dos bem-aventurados, não é topológico. É o resultado da felicidade do espírito e pode ser vivenciado em qualquer lugar, pois não se trata de um sítio espacial e fisicamente localizável.

Ao falar sobre a felicidade, na obra *O Céu e o Inferno*, o codificador estabelece que o lugar da felicidade pode ser qualquer e existe na razão direta do progresso realizado e da paz de consciência. Por isso, podem dois espíritos, situados num mesmo lugar, vivendo um mesmo momento, estarem, um feliz e outro infeliz. Não encontramos aqui mesmo, num mesmo lugar, pessoas felizes e infelizes?

Hoje, milhares de satélites passam para além do céu azul, sem que haja qualquer notícia de colisão com o trono de São Pedro, nem de quebras de eventuais cadeiras perpétuas há longo tempo adquiridas.

Derruba-se a ideia da materialidade do Céu e seu mobiliário.

Por isso, Fé Raciocinada só é aquela capaz de encarar a razão face a face em todas as fases do progresso da humanidade.

Assim, sempre que lembramos Kardec é útil recordar aos espíritas sua responsabilidade constante, cobrada pelo Mestre no "Amai-vos e instruí-vos". A obra depende de todos.

Diz Léon Denis, em fundamental recomendação àqueles que acreditam ser o espiritismo exclusiva tarefa dos desencarnados, obra pronta e acabada: "O espiritismo será o que o fizerem os homens. Ao contato da humanidade, as mais altas verdades às vezes se desnaturam e obscurecem. Podem se constituir numa fonte de abusos. A gota de chuva, conforme o lugar onde cai, continua sendo pérola ou se transforma em lodo."

Acredito que um dos grandes cuidados que devem ter os espíritas é de não transformar a doutrina numa seita de dogmatismo e intolerância, o que contrariaria frontalmente o ideal de Kardec, que sempre viu nela, não uma obra acabada, mas um campo de pensamento aberto a novas verdades, porque nem tudo teria sido dito.

Para que não caiamos na tentação de nos proclamarmos donos da verdade, citamos um trecho do discurso de Léon Denis, pronunciado em 11 de setembro de 1888, no Congresso Espírita de Paris, que deveria ser lido diariamente pelos espíritas, principalmente quando se sentem tentados, mesmo e principalmente sendo dirigentes, a um dogmatismo impeditivo da análise de novos fatos, de opiniões distintas.

"Não vos viemos dizer que devemos ficar confinados no círculo, por mais amplo que seja, do Espiritismo Kardequiano. Não; o próprio mestre nos convida a avançar nas vias novas, a alargar sua obra."

"Estendemos as mãos a todos os inovadores, a todos os de boa-vontade, a todos os que têm no coração o amor da Humanidade."

Não se tratava de uma posição revisionista, incompatível com o pensamento de Léon Denis, mas sim daquela postura compatível com a fé raciocinada e o pensamento científico, que postulam não ser progressista rejeitar ou aceitar sem exame.

São posturas de investigação científica que levaram a Sociedade Brasileira de Cardiologia a entender que "a espiritualidade faz bem à saúde". O estudo da espiritualidade como fator essencial à saúde é feito num grande número de Faculdades de Medicina e encontra entre os jovens estudantes uma procura crescente.

Em novembro de 2023, no 78.º Congresso Brasileiro de Cardiologia, realizado em Porto Alegre, Rio Grande do Sul, palestrei, a convite do Dr. Fernando Lucchese, um dos pioneiros no estudo do binômio *espirirualidade e saúde,* tendo como tema: "Quântica, Espiritualidade e Saúde", num dos setores mais, se não o mais, concorridos do evento.

De impressionar o interesse dos jovens nesse tema tão atual e importante.

Pouco a pouco, vamos assistindo, no campo da Filosofia da Ciência, a uma abertura cada vez maior para a espiritualidade. A deusa-razão da Revolução Francesa de 1789, representando a materialidade como única realidade possível, é destronada por uma nova conceituação científica que chega a afirmar que os elementos fundamentais do Universo são *energia e intenção*.

Compete às pessoas espiritualizadas, pelo caminho da investigação isenta, realizar a conexão entre fé e razão, o que só é possível a partir de uma fé que permita o raciocínio, o questionamento e, se necessário, a mudança de determinados tópicos.

Isso se chama fé raciocinada.

Compete-nos vivenciá-la e divulgá-la.

Vivê-la em modo ser significa com tolerância, fraternidade sem querer ser o "proprietário da Doutrina" que seria o lamentável resultado da escolha de vivê-la em modo ter.

A obediência e a razão

Frequentemente, entendemos obediência como um ato de submissão, necessário em razão de ordem emanada de autoridade com poder coercitivo, o que pouco ou nada tem a ver com a razão, no sentido de racionalidade do ato de quem obedece.

O obediente, nesse sentido, apenas cumpre ordens, sem poder fazer, relativamente a elas, qualquer juízo de valor.

Entretanto, no *Evangelho Segundo o Espiritismo*, no cap. IX, que trata de uma das bem-aventuranças do Sermão da Montanha – Bem-aventurados os mansos e os pacíficos –, o espírito de Lázaro traz importante mensagem, cujo título é "Obediência e Resignação".

A leitura somente do título pode levar a pensar que se trata de algum apelo à submissão resignada, sem questionamento, logo sem raciocínio, indicando a sujeição como caminho de crescimento espiritual.

Se assim fosse, não haveria significativa diferença com as imposições da fé cega, contrária a todo o ensinamento da Doutrina Espírita.

Mas a leitura atenta da mensagem é de importância transcendental.

Vejamos um trecho:

– *A obediência é o consentimento da razão.*

E, logo adiante:

– *O poltrão não pode ser resignado, assim como o orgulhoso e o egoísta não podem ser obedientes.*

Verificamos, com clareza meridiana, um conceito de obediência muito diferente da ideia de submissão irracional.

Ao dizer que a obediência é o consentimento da razão, o espírito comunicante nos informa que não devemos obedecer a leis iníquas, o que nos leva ao pensamento de Tomás de Aquino e à exortação expressa de nossa codificação, que nos aponta o raciocínio como base da fé, permitindo-nos, inclusive, o exercício da dúvida.

Não podemos nem devemos aceitar o que a razão não conforta. Não somos escravos de pretensas leis dogmáticas, que nos escravizariam o espírito, na mesma medida em que leis humanas tirânicas escravizam um povo, ensejando o remédio extremo da desobediência civil.

Por isso, Lázaro nos informa que, a partir da aceitação da lei justa e equânime pela nossa razão, que nos leva a entender não existir efeito sem causa, chegamos à resignação que é o consentimento do coração. Sempre em função de leis justas e perfeitas como são as verdadeiras leis da espiritualidade.

Nesse sentido, o espírito de Lázaro, em sua mensagem extraordinária, nos aponta Kant com seus imperativos categóricos.

Numa humanidade mais evoluída, a que chegaremos pela dedicação ao progresso espiritual, imperativos categóricos como "Não mentir" em qualquer circunstância, serão viáveis, pois as muito citadas exceções, justificativas da mentira piedosa, ou, até mesmo, salvadoras, terão deixado de existir.

Exemplifico: Um amigo chega à sua casa, fugindo de um assassino e pede para ali se esconder. Minutos após, chega o criminoso e pergunta se seu amigo está lá.

Nessa circunstância, parece-me que mentir será algo moralmente correto.

Mas em um mundo mais perfeito, sem assassinos, poderemos usar o *não mentir* como regra sem exceção, como queria o grande filósofo Immanuel Kant, ao indicar como conduta moral aquela que respondesse satisfatoriamente a pergunta: "e se todos fizessem assim?"

No caso exemplificado, a pergunta, independentemente das circunstâncias, seria: "e se todos mentissem?"

O *não mentir*, em qualquer circunstância, só seria útil num mundo bem mais avançado.

Por ora, vamos buscando esse avanço e aprendendo com Lázaro:
– A obediência é o consentimento da razão.

Caminhando nesse rumo, na prática da moral espírita, que é, acima de tudo, propositiva e não impositiva, podemos ir construindo um mundo e uma sociedade em que o avanço moral elimine qualquer exceção à prática das leis morais.

Amar e perdoar:
condições para um recomeço eficaz

É hábito que se repete anualmente, principalmente após as celebrações do Natal, em que às vezes esquecemos a grande mensagem do *aniversariante*, estabelecermos metas para o ano que se iniciará em breve.

Nessas oportunidades, certamente, pensamos num devir melhor, na busca de nossas aspirações, principalmente porque sabemos, a partir do conhecimento do livre-arbítrio, que somos os construtores de nosso viver.

E, sem dúvida, para um bom recomeço, aperfeiçoando nossas vidas a partir de nossos pensamentos e ações, perdoar é importante, pois é, em última análise, uma libertação. Será, mesmo, tão importante perdoar?

Comecemos pelo Evangelho: Jesus ressaltou a importância do perdão e mandou perdoar sete vezes setenta, setenta vezes sete vezes, o que quer dizer: sem limites.

E o que diz a ciência médica sobre o perdão?

Comecemos pela neurociência:

O cérebro não estabelece diferença entre o que vê e o que recorda. Por isso, ao relembrarmos um evento, refazemos as mesmas redes neurais criadas em sua ocorrência. Essas redes, que poderiam ser de curta duração, reforçadas pela relembrança constante, tornam-se de longa duração, tornam-se aquelas coisas difíceis de esquecer e facilmente recordadas, em outras palavras.

Assim, se recebemos um agravo e não perdoamos, somos duplamente prejudicados, pelo refazimento e reforço de uma rede neural criadora de sentimentos negativos e pela produção de químicos prejudiciais à saúde, que são produzidos em nosso hipotálamo, na vivência ou revivência de eventos desagradáveis.

O planejamento de uma vingança, permanência no ressentimento desequilibra os ritmos vitais do ressentido, uma vez que minutos de explosão de raiva cobram horas de trabalho, gasto de energia do organismo para o refazimento de seu funcionamento salutar, em termos de batimentos cardíacos, tensão arterial, produção hormonal...

Jesus falou sempre de amor, caridade e perdão.

A Física Quântica nos informa que somos emissores e receptores de energia, mas só recebemos naquelas frequências em que somos capazes de vibrar. Daí, se vibrarmos naquela frequência do *vós sois deuses* receberemos energias de frequências compatíveis com essa emissão e a reforçaremos. – Fenômeno da ressonância.

Quanto mais acreditarmos em nossas possibilidades, mais as desenvolveremos, pois o pensamento é uma forma de energia. E maior será a nossa fé, se persistir e se reforçar no encontro com a razão. Sem esta, aquela pode nos fazer resvalar para o fanatismo, para a superstição sem fundamento, que cedo ou tarde nos vai desiludir.

Sabendo que só se *des*ilude que se ilude, Kardec aponta o caminho da *fé raciocinada*, aquela capaz de somar-se ao conhecimento científico, resultando na sabedoria plena.

"Buscai a verdade, e ela vos libertará". A própria evolução da ciência, passando do modelo mecanicista para o quântico-relativista derrogou os postulados do materialismo-realista e mostrou um novo homem, arquiteto de seu destino, detentor de um livre-arbítrio que implica responsabilidade.

Kardec defendeu o livre-arbítrio quando a própria ciência de seu tempo se filiava ao determinismo. Naquele tempo, de uma ciência materialista, o Codificador afirmava: "O espiritismo marchará passo a passo com a ciência". E lançará as bases de uma fé verdadeiramente inabalável: a fé raciocinada.

Hoje a ciência afirma que é muito bom fazer o que Jesus aconselhou. Explicita que a espiritualidade faz bem à saúde e que o ressentimento, a incapacidade de perdoar são inimigos perigosíssimos de uma saúde desejável.

Em nosso projeto de vida vamos incluir o amor e o perdão, entendendo este como o grande libertador de mágoas que prendendo-nos a um passado sofrido impedem-nos de viver as alegrias e as boas possibilidades do presente.

A César o que é de César

É conhecido o episódio do Evangelho em que os fariseus mandaram seus discípulos, juntamente com os herodianos, para tentar comprometer Jesus, através da resposta que daria a uma pergunta capciosa e difícil que lhe proporiam.

Esses enviados, após tecerem louvores a Jesus, lançaram a pergunta: "Qual teu parecer: é lícito pagar tributo a César, ou não?"

Jesus teria pedido uma moeda e perguntado a seus questionadores: "De quem é a efígie e a inscrição?"

Como a resposta fosse: "De César", Jesus lhes deu a famosa resposta que sepultou as intenções de apanhá-lo em erro: "Pois, dai a César o que é de César e a Deus o que é de Deus".

Na sua interpretação mais elementar, literal mesmo, a frase tem sido usada abundantemente para significar, de modo geral, que se deve dar a cada um o que por direito e justiça lhe pertence, tipo: ao proprietário os seus bens, etc.

Mas, Jesus, mestre da sabedoria, sempre falou para diferentes níveis de entendimento, abrangendo desde a capacidade de compreensão que fica restrita ao dito, até aquela que lhe percebe as consequências implicadas.

Vejamos: os judeus estavam revoltados com o fato de serem obrigados a pagar tributo a César.

Além de todos os motivos financeiros e políticos, que os tornava avessos a tais pagamentos, havia um predominante: para os judeus, somente a Jeová, Deus, eram devidos tributos.

E aqui, o lado corajoso e, até mesmo desafiador, da resposta de Cristo.

Ao afirmar, diante da efígie de César gravada na moeda – Dai a César o que é de César e a Deus o que é de Deus –, estava implícita a afirmação de que César não era Deus, o que, por certo, seria malvisto pelos romanos, ainda mais tendo sido enunciado diante da efígie de César, Deus, segundo as regras do Estado Romano.

Aqui, vai o Mestre muito além de um problema meramente tributário. Nega divindade ao mais poderoso dos homens, separando qualquer poder material de autoridade espiritual.

Vamos trazer esse dito para hoje, porque as palavras do Mestre Jesus são sempre atuais.

Há muitos césares cobrando tributos em nome de Deus, instituindo-se seus procuradores, mesmo sem jamais terem exibido o devido instrumento procuratório e, nem mesmo, justificando-o em suas atitudes.

Não é lícito dar o que é de Deus a quem não é Deus.

Não há divindade em césares, nem em seus arremedos. Dá-se a Deus, dando aos mais carentes e exercitando a compaixão. Esse dar, que engrandece, não é necessariamente uma oferta em dinheiro, mas, fundamentalmente, uma ação de humanidade que eleva o espírito, gratificando a alma.

Pois, "fora da caridade não há salvação".

Súplica pelo Brasil

Poesia de minha mãe, Eurides da Costa Lima, pessoa de fé inabalável, que aqui homenageio, e devota de Nossa Senhora.

    Protege, Senhora, a humanidade inteira
    Acolhe em teu seio a Pátria Brasileira.
    Nessa hora, em que os sinos bimbalham,
    Lança tuas bênçãos sobre os que trabalham.
    E aos que choram e gemem, em seu leito de dor,
    Ampara, Senhora, com teu divino amor.
    Tu que és mãe, cheia de bonança,
    Espalha pela Terra a luz da esperança.
    Que a humanidade inteira tenha como guia
    O Doce Jesus, teu filho, ó Maria.
    Protege, Senhora, da criança ao velho
    E torna o Brasil a Pátria do Evangelho.

Temário 2

Filosofia, Direito, Ciência, Lógica e temas atuais

Os sete Pecados Capitais, segundo Nietzsche

1. Preguiça – evita esforço, contenta-se com vida medíocre.
2. Medo – obstáculo para a liberdade e autenticidade. Limita a capacidade de agir e impede de enfrentar os desafios da vida de forma corajosa e determinada.
3. Conformismo – causa maior da mediocridade e falta de originalidade. Sociedade exerce pressão para as pessoas se conformarem às normas e expectativas. Inibe a expressão individual e a busca pela excelência.
4. Ressentimento – emoção negativa quando nos julgamos injustiçados ou inferiorizados. Leva ao desejo de reduzir o outro, o famoso nivelar por baixo. Impede o crescimento pessoal. Leva a desejar a destruição daqueles que consideramos superiores a nós, em vez de buscar nosso próprio desenvolvimento.
5. Negação da vida – refugiar-se na vida *post mortem*. Não enfrentar os desafios nem vislumbrar as oportunidades dadas. Ver o corpo como instrumento do mal. Sopitar os desejos, proibir-se a felicidade, guardar todas as expectativas para um outro mundo.
6. Moralidade repressiva – inibidora de qualquer prazer. Expansão *ad infinitum* do conceito de pecado. Conceitos de bem e mal válidos para outra vida e não para esta. Construir esta com base na outra é utópico, escapista.
7. Niilismo – consequência do 5 e 6. Crença de que a vida, esta vida, não tem sentido e valor intrínseco. Leva as pessoas a se sentirem perdidas e sem propósito.

Epitecto

Epitecto, que forma com Sêneca e o imperador Marco Aurélio o grupo de filósofos chamados novos estoicos, tem importantes ditos, verdadeiras lições de vida. Esse filósofo, nascido no ano 55 da nossa era, viveu em Roma, na condição de escravo, a maior parte de sua vida e a leitura de seus pensamentos influenciou profundamente o imperador Marco Aurélio, como dito, também filósofo estoico e autor de *Meditações*.

Por volta do ano 90, Epitecto foi expulso de Roma pelo imperador Domiciano, que entre 89 e 94 expulsou todos os filósofos.

Alguns de seus ditos:

1. "É impossível para um homem aprender o que acha que já sabe." Se achamos tudo saber, característica dos que se deixam fanatizar, decretamos nossa imobilidade no terreno do conhecimento. A frase de Epitecto nos ensina a não discutirmos com extremistas, pois lida noutra ordem, implicando dizer: Ninguém ensina nada a quem já acha que sabe. Experimente explicar algo diferente da cartilha pela qual reza um fanático, e você saberá o que é perder tempo. É preciso humildade para reconhecer que sempre há algo que não sabemos. Esta a condição para aprender, ou seja, saber mais. Um aspecto lamentável da pretensão de onisciência verificamos com facilidade percorrendo a Internet, onde aparecem aqueles que têm opinião definitiva sobre tudo, em contraposição ao quase nada que sabem. Opinam sobre o que não conhecem e acham importantíssima essa opinião.

2. "Na prosperidade é muito fácil encontrar um amigo, mas na adversidade, é a mais difícil de todas as coisas." Há uma diferença, que é muito focada neste livro, entre viver em modo ser, ou modo ter. Na prosperidade devemos distinguir os amigos nossos, do nosso ser, daqueles amigos do nosso ter

3. "Você não é o seu corpo ou o seu cabelo, mas a sua capacidade de escolher bem; se suas escolhas são bonitas, você também será." Segundo os estoicos, tudo o que fazemos, independentemente de qualquer pressão que

soframos, é escolha nossa. Há os que sempre buscam culpar os outros, ou as circunstâncias, fugindo à própria responsabilidade. Com a coragem de assumir a responsabilidade por nossos atos atingimos um grau de maturidade compatível com a grandeza esperada do ser humano.

4. "Algumas coisas estão sob nosso controle e outras não." Entender a diferença nos ensina onde devemos concentrar nossa força, nossa energia. Lutar para mudar o que pode e deve ser mudado e aceitar resilientemente o que não pode. Evita o desgaste e a fala cansativa e repetitiva dos que passam o inverno queixando-se do frio e o verão lamentando o calor, quando há, em qualquer das estações, como em qualquer momento da vida, coisas que podem ser feitas, mudanças que podemos produzir.

5. "O homem sábio não deve abster-se de participar no governo do estado, pois é um delito renunciar a ser útil aos necessitados e uma covardia ceder o passo aos indignos." Um excelente alerta para todos os que se queixam sem participar, que desfilam como numa *catilinária* moderna suas desilusões com a política e, na hora de exercer o direito de voto, votam nulo ou em branco. Os amigos da cessação, da castração da liberdade, têm um projeto político bem visível e vão votar até de maca. Temos a responsabilidade de escolher os bons. Impossível que não os haja. Votar em branco, ou anular o voto implica a desistência de participar, a perda do direito de postular.

6. "Os mais severos e frequentes males são aqueles que a imaginação nos faz alimentar." Já dissemos que a expectativa do fato cria o fato. Está provado que mais de 90% das coisas que, antecipadamente, nos tiram o sono não acontecem, ou, acontecendo, não possuem a intensidade destrutiva que por angústia lhes atribuíamos. Os pensamentos negativos produzem frequências capazes de atrair coisas negativas, quer dizer, tornam mais provável a ocorrência dos maus eventos.

7. "Um adulador se parece com um amigo, assim como um lobo com um cão." É autoexplicativo. Resta aconselhar: Não se deixe levar pelas aparências. Na dúvida, não leve o adulador para casa. Não o privilegie, pois uma vez posto em casa o lobo vai agir como lobo, e aí será impossível evitar severos prejuízos.

Dawkins – Einstein

Falemos um pouco de Richard Dawkins, o mais entusiasta e, talvez, raivoso defensor do ateísmo, e Einstein, traçando uma relação no plano da religiosidade, ou da crença em Deus.

Quando se argumenta com raiva, se omitem, de hábito, alguns fatos fundamentais, enquanto outros são distorcidos, pois a ira nunca anda de braços dados com o equilíbrio, pressuposto fundamental do raciocínio lógico.

Com a vaidade característica daqueles que negam Deus por não admitirem nada além de seu entendimento, Dawkins, pródigo de autoelogios e vitórias em debates, que exalta durante boa parte de sua obra, afirma, por exemplo, na página 27 de *Deus um Delírio*, Ed. Schwarcz, São Paulo, 2017: "Os ateus são muito mais numerosos, principalmente entre a elite culta, do que muita gente imagina".

Por óbvio, não se quer aqui estender a todos os ateus, cujo pensamento e posição respeitamos, as críticas a Dawkins, que pertence ao ramo dos raivosos, portadores de agressividade virulenta.

Mas vamos ao problema da interpretação da religiosidade de Einstein.

O grande cientista, humilde como soem ser as pessoas de grande conhecimento e visão holística, já havia previsto algo interessante, que se exemplifica em ditos de Dawkins a seu respeito.

Perguntado, numa ocasião, sobre as consequências da comprovação ou não de sua Teoria da Relatividade, Einstein respondeu, nomeando uma de fácil previsibilidade:

– Se minha teoria estiver certa, os alemães dirão que eu sou alemão e os judeus dirão que eu sou judeu. Caso ela esteja errada, será exatamente o contrário.

Como sabemos, Einstein se tornou um dos maiores, senão o maior gênio da ciência de todos os tempos. É natural, então, que na busca do famoso e sempre questionável argumento de autoridade, pensadores das mais diversas áreas tentem se apoiar em suas opiniões, interpretando diferentes ditos daquele sábio.

Pois dentro do terreno da religiosidade, da crença ou não em Deus por parte do cientista, foram intensos, recorrentes e, até mesmo, por vezes contundentes os questionamentos que lhe foram feitos, com a consequente pluralidade de interpretações às respostas e aos ditos que motivaram as perguntas.

Dawkins, tentando apoiar seu ateísmo em Einstein, comete algumas impropriedades interpretativas, analisando textos sem o devido contexto, indicadoras, salvo melhor juízo, de desonestidade, ou, digamos – para evitarmos expressões raivosas, ou assemelhadas, nas quais Dawkins é pródigo –, deslize intelectual e argumentativo.

Exemplificando:

Na abertura do capítulo 1, à página 33, da obra antes identificada, temos uma citação colocada fora do contexto em que foi proferida e com uma intencional inversão na ordem da frase, para dar destaque ao que o autor quer enfatizar. Vejamos:

Não tento imaginar um Deus pessoal; basta admirar assombrado a estrutura do mundo, pelo menos na proporção em que ela se permite apreciar por nossos sentidos inadequados. (Albert Einstein.)

A citação, como dissemos, é parcial e sinaliza, mesmo que sutilmente, uma intenção não aprovável. Nos comentários, é claro que não há qualquer menção à citada incompletude (inadequação) dos sentidos.

Vamos ao contexto e ao dito original, obtidos no livro *Einstein – His Life and Universe*, escrito por Walter Isaacson, o mais completo biógrafo de Einstein, editado pela First Simon & Schuster Paperback, edição de maio de 2008.

Num almoço em Berlim, na sequência de rápida discussão sobre astrologia, um ateísta afirmou que acreditar em Deus é o mesmo que superstição. – Dawkins teria um delírio, um êxtase quase orgasmático com essa afirmação, que endossaria na íntegra.

Dirigindo-se ao físico, após silêncio que se seguiu a seu dito, o ateu perguntou-lhe se era, de fato, religioso.

"Sim, você pode chamar assim", foi a calma resposta. "Tente penetrar com nossos limitados significados os segredos da natureza e você achará, por detrás de todas as leis e conexões discerníveis, algo sutil, intangível e inexplicável. A veneração por essa força além de qualquer coisa que podemos compreender é minha religião. Nessa extensão, eu sou religioso."

Fácil é verificar que o conceito de Deus de Einstein estava em desacordo com um deus pessoal, intervencionista, antropomorfizado e, se examinarmos bem, parcial.

Isso desagradou os religiosos adeptos do pensamento antigo, que contemplava um deus com forma e paixões humanas. Esse mesmo que os ateus combatem desnecessariamente, porque, na verdade, não existe.

Um dos aspectos exemplificativos do desconforto dos religiosos tradicionais – completamente diferentes dos teólogos contemporâneos, que vão cada vez mais interconectando ciência e espiritualidade – se expressa no telegrama do Rabino Herbert S. Goldstein, líder judeu de Nova Iorque, enviado a Einstein, nos seguintes termos:

– Você acredita em Deus? Ponto. Resposta paga. 50 palavras.

Einstein usou menos do que o limite estabelecido.

– *Eu acredito no Deus de Spinoza, que se revela na harmonia plena das leis de tudo o que existe, mas não num Deus que se envolve com os destinos e os feitos da raça humana.*

A parte final, na hermenêutica tendenciosa de Dawkins, leva-o à conclusão de um deus não real, apenas expressão de figura gramatical, sem vinculação com a espécie humana, o que é absolutamente forçado.

Para agradar, Dawkins chega a admitir e criar uma taxinomia especial – talvez por cacoete de biólogo –, uma religiosidade einsteiniana, com a qual pode chamar Einstein para seu clube, considerando-o não crente em Deus.

A não intervenção direta nos feitos e destinos da raça humana significa apenas a existência de liberdade; do livre-arbítrio. Quer dizer, para ser simples e direto, que Deus não torce para o Inter, Corinthians, Barcelona, ou outro qualquer time de futebol e, embora as rezas dos torcedores, não influenciará no resultado do jogo, assim como não determina se a humanidade deseja a guerra ou a paz.

Também o famoso "Deus não joga dados", usado frequentemente por Einstein em suas discussões com Bohr, é citado por Dawkins na página 43 da já referida obra, e interpretado corretamente como uma afirmação de que a aleatoriedade não habita o cerne de todas as coisas.

De fato, o dito revela a inconformidade de Einstein em relação ao acaso. Sempre foi objetivo do físico buscar a razão, o porquê dos diferentes fenômenos físicos, além de saber somente como eles funcionam, o que, infelizmente, foi consagrado pelo famoso Manifesto de Copenhague. Mas isso vai além do delírio e ultrapassa o terreno da Biologia. Não há uma só teoria, nem mesmo a da evolução, que explique à saciedade, com completude lógica, o todo do Universo.

A discussão séria de uma área exige seu conhecimento adequado. O uso do nome de Deus por Einstein não era apenas metafórico e, como nos textos acima elencados, permite estabelecer a diferença entre um universo voltado apenas para o homem, especificamente o da Terra, que conhecemos, e um universo com propósito geral.

Não há dúvida da existência de uma diferença abismal entre a humildade de Einstein, reconhecendo a limitação de nossas percepções, e a arrogância de Dawkins.

Cabe aqui, com muita propriedade, lembrar o filósofo francês da nova geração, Comte-Sponville, ateu, do tipo que Dawkins execra, por não ser agressivo, por cultivar e aconselhar a tolerância, que diz:

– Não precisamos de raivosos de Deus, nem de raivosos contra Deus.

Esse mesmo autor, que assevera não ser boa a escolha da religiosidade ou das religiões como inimigas, afirma, ainda, que nossos combates não devem ser contra, e sim pró: pró-liberdade, pró-laicismo, enfim, pelo direito de escolhermos nossas crenças ou não crenças. Comte-Sponville classifica os ateus raivosos como "espadachins do nada".

Repito: Comte-Sponville é ateu.

Já Dawkins padece de raiva incontida, mesmo quando tenta simular equilíbrio e tolerância.

Por exemplo, na página 34, da obra já nomeada, se refere a religiosos liberais e decentes, mas no capítulo 8, bem como no final do livro, investe furiosamente contra aqueles, acusando-os de nocividade.

Após elencar, com razão e farta exemplificação, os males do extremismo, afirma que até mesmo a religião amena e moderada ajuda a proporcionar um clima de fé, no qual o extremismo floresce naturalmente.

Os males, amplamente citados por Dawkins, praticados erroneamente em nome de Deus, são incontestáveis, mas a ampla generalização revela a pouca intimidade do escritor com a matemática e seus métodos.

Será por isso, por interesse de conquista intelectual, que achou uma classificação especial para a religiosidade de Einstein? Ou teria Einstein com sua religiosidade sido também um criador de um clima gerador de extremismos?

Houve interesse, ou faltou coragem para estender a Einstein o caráter maligno que atribui aos religiosos?

Sem dúvida, conforme afirmamos no início, a previsão de Einstein, quanto à consequência da confirmação ou não de suas teorias, em outro dizer, quanto a se tornar celebridade ou não, fez com que todos os times ideológicos buscassem contratá-lo.

Assim, religiosos tentam atraí-lo, interpretando seus ditos a favor da religião e ateus buscam justificar nele seus posicionamentos. Convém lembrar o que disse a respeito o próprio Einstein, que jamais participou da fúria, de que Dawkins é um bom exemplo, voltada contra a religiosidade e a existência de Deus.

Vejamos o que o criador da Teoria da Relatividade declarou a um amigo:

– *Há pessoas que dizem que Deus não existe, mas o que me deixa com raiva é que eles me citam para apoiar essa visão.*

Fica claro que Einstein não concordava com essa visão, que também é de Dawkins?

Ainda esclarecendo os motivos dos ateístas raivosos – torno a frisar que não são todos, assim como nem todo religioso é fanático, irracional –, citamos outra afirmação de Einstein:

– *O que me separa dos assim chamados ateístas é um sentimento de profunda humildade acerca dos intangíveis segredos da humanidade e do cosmos.*

A humildade do gênio contrastando com a empáfia arrogante e presunçosa de Dawkins, que costuma debater com criacionistas e terraplanistas, acreditando que aqueles representam a totalidade do pensamento religioso, quando, de fato, representam apenas pessoas que acreditam no erro.

E, ainda, sobre os ateístas que se comprazem em atacar a própria ideia de Deus, diz Einstein:

– *São como escravos que ainda estão sentindo o peso de suas correntes que jogaram fora depois de duro esforço. São criaturas que, em seu ciúme contra a religião tradicional como "o ópio das massas" não conseguem ouvir a música das esferas.*

O ciúme, com Cremonini se recusando a ver através do telescópio rudimentar de Galileu os satélites que negava, o dogmatismo intolerante que queimou Giordano Bruno, a destruição de templos, verdadeiros monumentos arquitetônicos por Stalin, demonstram que a ausência de virtudes, sendo a principal delas o amor, não é algo útil, não tem o poder de construir e que virtude independe de religiosidade ou não.

Racismo, discriminação, preconceito, não são o resultado de crer ou não em Deus. São mais uma consequência do afastamento de um sentimento de fraternidade.

Não basta, nem é útil buscar culpados, muito menos cultivar ódios, como faz Dawkins, atacando a tudo e a todos, qualquer que seja o posicionamento, desde que religioso.

Assim, na página 55, desfia um rosário de 18 ofensas em série ao Deus bíblico, Jeová, e, ao citar Jesus como seu oposto, oposto de Jeová, na página 56, classifica-o como insípido na imagem de gentil, manso e suave, e classifica essa personalidade atribuída a Jesus, como "efeminada", deixando escapar um preconceito, que condena veementemente nos religiosos e no próprio Jeová: a homofobia.

Mudanças significativas começam por nós, seguindo o conselho de Gandhi: "Seja você mesmo a mudança que quer ver no mundo".

O que realmente constrói é o respeito, não só alegado, mas exercido, em relação às múltiplas diversidades, começando pela de opinião.

Concluo, reeditando Comte-Sponville:

– Não precisamos de raivosos de Deus, nem de raivosos contra Deus.

Acredito que precisamos urgentemente cultivar e desenvolver a "Arte de Amar".

O pensamento de Einstein a respeito de Deus

Já escrevemos parte desta questão ao referirmos o pensamento de Dawkins. Retomamos aqui a parte inicial sobre Einstein, para complementá-la, incluindo seu pensamento sobre Jesus

Einstein pensava num universo harmonioso, numa ordem subjacente ao caos aparente e, num regente dessa harmonia, talvez numa Inteligência Suprema, num Supremo Arquiteto, cujas intenções buscava perceber, dizendo, em sua convicção da existência de um projeto para o cosmos, que Deus não joga dados, frase recorrente em suas discussões com Bohr.

Haveria uma realidade harmoniosa sublinhando as leis do Universo? Einstein sentia assim e entendia que o objetivo da ciência era descobri-la.

Quanto ao conceito de Deus, Einstein estava em desacordo com um deus pessoal, intervencionista, antropomorfizado, caracterizado no pensamento antigo, hoje em reformulação em suas próprias origens, das religiões tradicionais. Vamos a dois exemplos:

O primeiro: Num almoço em Berlim, na sequência de rápida discussão sobre astrologia, um ateísta afirmou que acreditar em Deus é o mesmo que superstição. Fez-se um silêncio, porque era sabido que Einstein, que estava presente com sua esposa, alimentava algumas crenças que poderiam ser consideradas religiosas.

Dirigindo-se ao físico, o ateu perguntou-lhe se era, de fato, religioso.

"Sim, você pode chamar assim", foi a calma resposta. "Tente penetrar com nossos limitados significados os segredos da natureza, e você achará por detrás de todas as leis e conexões discerníveis, permanece algo sutil, intangível e inexplicável. A veneração por essa força além de qualquer coisa que podemos compreender é minha religião. Nessa extensão, eu sou, de fato, religioso."

O segundo: A concepção de um espírito cósmico impessoal, bem como as teorias sobre a relatividade, desagradava os prosélitos de um deus intervencionista e, se examinarmos bem, parcial.

Descontente com o pensamento de Einstein sobre Deus e não entendendo haver clareza em suas manifestações a respeito, o Cardeal de Boston William Henry O'Connell manifestou-se no sentido de que Einstein seria um homem sem deus e sua teoria um caldo de cultura para o desenvolvimento do ateísmo.

A discussão em torno do tema começou a gerar um clamor público, o que levou o conhecido líder judeu de Nova Iorque Rabino Herbert S. Goldstein a mandar a Einstein um telegrama absolutamente direto, dizendo: "Você acredita em Deus? Ponto. Resposta paga. 50 palavras."

Interessante observar a tendência maniqueísta que muitas vezes cultivamos: "Sim ou não". "Bom ou Mau", que levam a respostas simplórias, quando muitas vezes a questão invade o território da lógica *fuzzy*, que entende existir extensa gama de valores entre o sim e o não na análise de questões mais profundas.

A Física Quântica, cujos mistérios analisaremos, modifica o chamado princípio do terceiro excluído, da lógica de predicados de primeira ordem, que, por ser excludente, entende que não pode ser A e não A (-A) ao mesmo tempo e num mesmo lugar.

Esse princípio é válido, no entanto, para questões que, por natureza, não admitem o dualismo. Diferente do caso onda-partícula.

Mas, voltemos ao telegrama. Einstein usou menos do que o exigido. Respondeu com pouco mais de 30 palavras:

– Eu acredito no Deus de Spinoza, que se revela na harmonia plena das leis de tudo o que existe, mas não num Deus que se envolve com o destino e os feitos da espécie humana.

Em relação a Spinoza, condenado em Amsterdam de modo absolutamente cruel e desumano pelo rabino da comunidade judaica e excomungado pela Igreja Católica, o que mais Einstein admirava, além da ideia a respeito de Deus, era sua contribuição ao pensamento moderno, por ter sido o primeiro filósofo a tratar do corpo e da alma como uma unidade e não como duas coisas separadas.

Einstein, como verdadeiro cientista e pensador, sabia valorar seres humanos, filósofos e religiosos, mesmo não concordando com a integralidade de suas ideias.

Nunca foi cristão, mas perguntado sobre a existência histórica, verdadeira, de Jesus, eis a resposta:

– Inquestionavelmente! Ninguém pode ler os Evangelhos sem sentir a real presença de Jesus. Sua personalidade pulsa em cada palavra. Nenhum mito é preenchido com tal vida.

Seria tão bom se todos os cristãos pensassem assim e assim se sentissem ao ler o evangelho...

Há lugar para Deus na ciência?

Em relação aos avanços da ciência, com a progressiva perda de substancialidade da matéria, por incrível que possa parecer, ainda sobressai o ranço materialista de muitos que concluem sem se darem ao trabalho de investigar.

Devemos lembrar John Hagelin, PhD, diretor, por muito tempo, de um dos departamentos de pesquisa do CERN (Centro Europeu de Pesquisas Nucleares) e coordenador de grupos de meditação, que nos alerta de que nem todos os cientistas são científicos. E o mesmo John Hagelin nos diz: "A iluminação é nosso direito de nascença. Fomos estruturados para isso. É o que o cérebro humano foi projetado para experimentar."

Jeffrey Satinover, PhD, médico, escritor, psiquiatra e físico, adverte: "Há cientistas que, como seres humanos, podem ser tão preconceituosos quanto qualquer pessoa".

Por isso, embora os indícios veementes de uma consciência estruturadora, sem a qual o Universo seria lógica e matematicamente inconsistente, os materialistas se opõem à ideia de que a consciência é a realidade fundamental. Não é somente um elemento sem realidade própria, um produto da nossa biologia. Muito mais do que isso, a consciência é viva, fluida, autorrenovadora e se expressa num *continuum* de níveis, do mais etéreo até a matéria mais sólida.

O velho paradigma científico nos transmitia o dogma do "tudo é material" e nos ensinou a enxergar assim. Viciou nossa percepção, acostumando-nos ao erro, à crença nele, como se fosse decorrência do conhecimento científico.

A interpretação mecanicista do Universo, base argumentativa do materialismo dialético, levou à afirmação de Karl Marx: "A religião é o ópio do povo". E criou um sistema mais dogmático do que qualquer religião conhecida e matou mais do que qualquer ato de fé, a divergentes de seus *dogmas*, da mesma forma, e manifestando a mesma intolerância dos maus religiosos que condenava.

Onde essa dogmática deu certo?

Em contraposição, o pensador francês Raymond Aron, 1905-1983, sociólogo, historiador, filósofo e jornalista político, frequentemente excluído por seus pares por discordar do modismo científico e sociológico dominante, escreveu como resposta ao dito de Marx "a religião é o ópio do povo": "Certo, mas nenhuma outra doutrina criou no homem, como o marxismo, tal ilusão de onipotência. Por isso, ele é o ópio dos intelectuais. As ambições de Deus são mais modestas."

Hoje, a ciência aberta, mutável e, por isso, em evolução, vai trazendo novas visões, repensando o homem e entendendo uma consciência que governa o cérebro, ao invés de ser um epifenômeno dele.

Segundo físicos como Amit Goswami e cientistas das mais diversas áreas, a Suprema Consciência está na origem de tudo. Podemos dizer a Suprema Inteligência, como na elucidativa resposta à pergunta número um d*O Livro dos Espíritos*: Que é Deus?

A discussão de temas que exigem mudança de paradigma, além de incômoda, não permitiria aos seus inimigos, pelos limites de paisagem que se impuseram, discuti-las com propriedade e, assim, seriam facilmente arrastados para a fuga do principal, num mergulho em questões bizantinas.

Quem não está preparado para uma discussão esclarecedora, ao deparar-se com novas ideias, foge do fundamento conceitual e, mor das vezes, se esconde numa interpretação imediatista, por não entender o alcance do tema. Sua atitude é de perplexidade.

É como Nicodemos ao ouvir de Jesus que teria que nascer de novo, quando o Mestre tentava transmitir-lhe a visão da reencarnação.

Aturdido pelo novo, Nicodemos pergunta: "Então terei de me tornar pequeno e entrar novamente no ventre de minha mãe?"

Obviamente não era essa a ideia, e Jesus desistiu, verificando não estar Nicodemos preparado para entender algo que lhe era novo, estranho, quebrador de paradigmas.

Mas ocorre que diante do novo temos que buscar novas maneiras de agir. Não somos máquinas pré-programadas e subjugadas por um destino imutável. Somos consciências criadoras, espíritos em evolução, e essa nova visão, para nos trazer o progresso para o qual é vocacionada nossa essência espiritual, tem que ser geradora de novas atitudes.

É de Einstein a afirmação de que nada é mais tolo do que pretender resultados diferentes fazendo sempre a mesma coisa.

A visão espiritual do homem no mundo precisa gerar, a partir de um novo entendimento, novas atitudes diante da vida e do outro, pois é consabido que tudo e todos estão interconectados e que ninguém está só.

Hoje sabemos que há uma causa fora das causas materiais, que nos leva a caminhar, na ordem da criação, do mais sutil para o mais denso. Partimos do corpo sutil, ou corpos sutis, para os densos.

Nesse sentido, é importante distinguir, para bem estabelecer as causas, a experiência material externa da experiência interna.

A experiência material externa é compartilhável. Qualquer um pode ouvir os sons que eu ouço num determinado instante, qualquer um pode ver as cores que eu vejo, etc. Essa a regra geral caracterizadora da experiência material externa.

Já a experiência interna é não compartilhável. Ninguém pode sentir exatamente o que estou sentindo num dado momento; ninguém pode compartilhar minha intuição, minha experiência de iluminação, minha alegria, meu pesar, meu medo, minha paixão. Esse tipo de experiência é não objetiva por sua própria natureza.

Esses dois tipos de experiências nos conduzem necessariamente a uma dicotomia, entre experiências objetivas e subjetivas; uma de origem material e perceptível por todos, explicável a partir de objetos materiais e sua observação. Outra, de natureza completamente distinta, em que nada de material é percebido, conduzindo a outro tipo de percepção e outra causa de perceber. É imaterial.

Isso nos leva, não a um Deus antropomorfizado que os materialistas criaram e descartaram, mas a uma Consciência Suprema, com poder de criação, poder de causação. Causação descendente.

Terry Eagleton, inglês, escritor, professor das universidades da Irlanda, de Lancaster, Yale e Notre Dame na década passada, começou a dar destaque às relações entre fé, ciência e estado.

Para ele, escrever sobre esses temas após o tristemente célebre 11 de Setembro exige que se tome partido no que chama "debate sobre Deus".

Não podemos deixar de observar que mesmo os mais trágicos acontecimentos trazem em seu bojo, além de muita dor, convites à reflexão. E, por que não, à ampliação da espiritualidade, pelo caminho primordial da fé raciocinada.

Criticando a posição da corrente conhecida como neoateísta, onde pontificam, entre outros, o cientista Richard Dawkins, autor da obra *Deus, um Grande Delírio*, o crítico cultural Christopher Hitchens e o escritor Martin Amis, Eagleton identifica-os como intelectuais que tomaram partido na polêmica sobre Deus sem saber exatamente de que estão falando.

Já alertamos sobre isso e convém lembrar que, hodiernamente, o ateísmo não é considerado uma posição filosófica; é uma posição de crença; uma atitude de fé.

Diz Eagleton: "Para se tornar ateu é preciso dar algo em troca. Os representantes do neoateísmo não investem contra a crença em Deus, e sim contra uma *caricatura* dela que eles mesmos fizeram".

Chegamos ao paradoxo, melhor ainda, à contradição: Deus para justificar a guerra, o deus dos terroristas do 11 de Setembro, e ausência de Deus para justificar a guerra (seu prosseguimento).

Nos dois casos, uma concepção de Deus completamente distorcida e afastada do entendimento da Inteligência Suprema.

Hoje, a fé raciocinada é indispensável e, como estávamos analisando e retornando ao foco, a consciência substitui o primado da matéria.

E retomemos a ciência física.

Se, conforme a Física Quântica, os objetos são possibilidades da consciência, se esta transforma ondas de possibilidade em realidade, qual é sua natureza?

Por evidente, não material, o que exclui a hipótese de consciência como criação, epifenômeno, do cérebro.

Observemos a descrição das coisas em termos científicos e vejamos a extraordinária resposta ao sentido da criação.

Não nos esqueçamos da perda de substancialidade da matéria. Partimos sempre de possibilidades.

Então, começamos com partículas? Não. Isso seria a objetividade forte. Começamos com possíveis partículas ou subpartículas.

Logo, a marcha seria: possíveis partículas, possíveis átomos, possíveis moléculas, possíveis células, possíveis neurônios, possível cérebro.

Aí, chegamos a um sério problema.

Se temos somente possibilidades somadas a possibilidades, a soma será sempre possibilidade; nunca realidade.

Aqui, segundo físicos quânticos, como Amit Goswami e Fred Alan Wolf, chegamos ao paradoxo da medição quântica, que indica o erro da visão materialista.

Sendo a consciência, quanticamente falando, o ente criador da realidade, seria correto afirmar que ela é parte material e parte imaterial? Assim fazendo, chegamos ao dualismo.

Nesse caso, como seria possível a interação entre o aspecto material e imaterial da consciência? Duas coisas, que nada têm em comum, não podem interagir sem mediador. Teríamos, então, a tarefa de determinar uma natureza para esse mediador e assim chegaríamos a um terceiro ente, que possivelmente, para ser explicado, necessitaria de mais outro, e nos perderíamos em um emaranhado que nos levaria a criar *entidades sem identidade.*

Então, o cérebro é feito de consciência e partimos da Consciência Cósmica para chegar à materialidade.

Encontramo-nos com o Princípio Inteligente e com a constatação do já conhecido pelos espíritas e espiritualistas

Como Deus criou o universo?

Para me servir de uma expressão corrente: por sua Vontade. Nada exprime melhor essa vontade todo-poderosa do que estas belas palavras da Gênese: "Deus disse: Faça-se a luz, e a luz foi feita".

De acordo com a Teoria das Cordas e com a psicografia de Chico Xavier, matéria e energia são equivalentes. A Teoria das Cordas afirma que tudo o que existe resulta da vibração de pequeníssimos e invisíveis filetes de energia eletromagnética, chamados supercordas.

Energia eletromagnética é luz. Logo, tudo começou num não espaço e não tempo com o fazer-se da luz.

Metaforizando, vamos ordenar, como deuses menores, que a luz se faça em nossas almas produzindo a maior de todas as energias: o amor.

Intenção conta?

Quando se trata de ética, é importante lembrar significativa divergência conceitual entre os filósofos Platão, narrando Sócrates, Aristóteles e Immanuel Kant.

O que caracteriza um ato como ético ou não? O ato em si, exclusivamente, ou a consideração também da motivação que o causou?

Sócrates pergunta a Eutidemo se ser enganador corresponderia a ser imoral. Diante da resposta afirmativa, retoma a conversa:

– E se subtraíres a faca de um amigo que pretende se matar, isso não seria um ato bom?

Diante da nova resposta positiva, questiona se é possível um ato ser bom (desejável) e imoral ao mesmo tempo.

Para Aristóteles, a intenção *caracteriza* a moralidade ou não do ato, ao menos como elemento auxiliar de sua classificação no campo ético. Tudo seria contexto e, como se lê na *Ética a Nicômaco*, o que vale é a intenção boa ou má.

Em contraposição, para Kant, a moralidade, o que é certo ou errado, não deve depender de elementos subjetivos: piedade, solidariedade, vontade de ajudar são irrelevantes para a moral da ação. Esses elementos subjetivos são parte do caráter, mas, para Kant, nada têm a ver com o que é certo e o que é errado. A decisão deve ser baseada na razão. Emoções não têm relação com a moral.

Como estamos vendo, Kant buscava uma generalização ampla, podemos dizer absoluta, que permitisse uma conceituação de ação ética independente de qualquer subjetividade. Aproxima-se de Kelsen, em sua Teoria Pura do Direito, tentando independizar a norma jurídica de qualquer influência de outros domínios do conhecimento. Normas justificando normas, pelas normas.

Voltando a Kant, o grande filósofo e amplo conhecedor de toda a ciência de seu tempo lecionava:

– Só podemos tirar a ética de um emaranhado de subjetividades, independizando-a das emoções, buscando a coisa certa a fazer, que é aquela que pode ser modelo para todos (generalização), como o senso do dever.

Tentando fugir do subjetivo para classificar o ato, Kant termina admitindo, de modo elíptico, uma classificação por subjetividade que possa ser considerada universal.

Assim, exemplifica:

Se encontrarmos alguém morrendo na rua e o socorrermos por piedade, embora toda a nobreza do ato e do sentimento, não seria considerado um ato moral, porque a causa não é universalizável. Outra pessoa, nas mesmas circunstâncias, poderia sentir medo, nojo, e não ajudar. Por não poder ser exigida de todos, para Kant, a piedade não caracteriza o ato ético.

Ainda para Kant, se ajudarmos por entender que se trata de um dever social, esse senso de dever, sim, caracteriza a atitude moral, pois todos devem possuí-lo. É, segundo o filósofo, norma universal, logo é moral.

Na ética de Kant, considera-se o dever pelo dever, lembrando Kelsen ao justificar a norma pela norma. O dever, imperativo, é universal e não comporta exceções.

Essa visão radical na busca de generalização é que lembra Kelsen e pode ser seriamente questionada quando se trata de ciências do dever-fazer e do dever-ser, diferentes das ciências formais, lógica e matemática, pois estas trabalham com elementos criados pela mente humana e aquelas com o ser humano.

No fundo, o senso do dever tem elementos de subjetividade.

Quase se aproximando de validar as intenções subjetivas dos atos, Kant leciona que a pergunta "por que você fez isso" só pode ser feita a um ser humano. A máxima é a resposta à pergunta: "E se todos fizessem isso?" Essa é a questão que conduz à máxima. Para Kant, é o que realmente importa, desde as questões humanitárias do tipo prestar auxílio a um necessitado, até aquelas que envolvem furtar a faca de um amigo para impedir que cometa suicídio.

Kant não consegue eliminar a motivação, mas considera que só motivos universais, imperativos categóricos, são validadores da eticidade da ação.

Voltando a Sócrates. Você subtrai a faca de um amigo para impedir seu suicídio, ou que mate alguém.

Para Kant, interessaria perguntar, independentemente do problema suicídio, o que seria se todos furtassem facas dos amigos? Não furtar seria um imperativo categórico, logo não se deve furtar; é antiético furtar, sejam quais forem as motivações, ou circunstâncias.

Entretanto, o bom-senso parece ficar com Aristóteles ao dizer que o que vale é a intenção, e podemos aduzir, mesmo que não universalizável.

Não é por outra razão que nosso Direito Penal, seguindo uma linha praticamente universal, classifica um grave crime, como o homicídio, por exemplo, e o pune, segundo a intencionalidade, dividindo-o em culposo ou doloso e, ainda, excluindo do tipo penal, por exemplo, os casos de legítima defesa. O resultado é o mesmo: matar alguém. Mas a intenção distingue o matar culposamente do matar dolosamente, ou em legítima defesa.

Por isso, como em toda a ciência contemporânea, em se tratando do ser humano, o único a quem se pode demandar o motivo da prática de um ato, os imperativos categóricos precisam ser relativizados.

Um breve parêntese:

Uma interpretação equivocada da Teoria da Relatividade, integrante do novo paradigma da Física, "quântico relativístico", tem atribuído a Einstein a expressão "tudo é relativo". Esse dito, autodestrutivo, seria um agravo à inteligência de Einstein. O que foi verificado é que não há fenômeno físico de *per se*. Todo o fenômeno é relativo ao observador e às condições de movimento em que observa. Mas, a velocidade da luz no vácuo é a mesma seja qual for o referencial (caráter absoluto). Fechamos o parêntese.

O erro ou acerto de furtar uma faca deve-se classificar de acordo com a intenção. Não é lícito agredir alguém empurrando-o com violência. Mas se esse empurrão for para salvá-lo de um atropelamento?

Que maravilhoso presente recebeu Nicômaco de seu pai: Um tratado de Ética.

O óbolo da viúva de Naim, na narrativa do Evangelho, foi o maior de todos exatamente pela intenção: ajudar, que é bem diferente de querer aparecer ou comprar lugar no Céu. Vale Kant: O ato foi moral porque, longe de ser uma troca de favores para ganhar o Céu, foi motivado por um sentimento de dever.

A espiritualidade humana nos ensina que não é suficiente ter as aparências da pureza – vale para a solidariedade e para tantos sentimentos nobres –; é necessário antes de tudo ter a pureza de coração.

Acredito que a evolução do espírito humano levá-lo-á a um comportamento regido por uma intersecção dos conjuntos motivacionais válidos para Sócrates e Kant. A intenção correta, a moral por autorrespeito serão sentimentos universais.

Está longe e, por isso mesmo, a caminhada não deve ser postergada para um amanhã indefinido.

Religião – Pecado – Expiação

Estamos diante de um tema interessante, pois, em termos de religiosidade, ou de ética, todos cometemos falhas, pecados, e buscamos o modo zerar nosso débito.

Como fazê-lo?

Primeiramente, busquemos a conceituação de pecado, no âmbito do pensamento religioso, ou da espiritualidade.

Erich Fromm, ao analisar os diferentes aspectos da existência, examina-os sob dois modos de vivê-los: o modo ser e o modo ter.

O pecado no modo ter envolve, segundo sua interpretação, uma transgressão à ordem de um deus autoritário, severíssimo e, até certo ponto, a meu ver, vingativo, capaz de aplicar mesmo penas eternas. Nessa visão, o pecado se caracteriza pela desobediência e estabelece a sequência: pecado, arrependimento, punição ou penitência.

Numa visão bem mais adequada ao modo ser, Tomás de Aquino entende que pecado não é desobediência a autoridade insensata, mas violação ao bem-estar humano e, nesse sentido, o grande pecado da humanidade consiste em desunir-se, em não exercitar a compaixão, via prática da caridade.

Esse pecado, da desunião, não precisa ser perdoado, mas deve ser expiado.

Por seu turno, Fromm se apoia no sentido e na origem da palavra *expiação* no inglês antigo: *at + one + ment = atonement* = unidamente.

Sendo assim, vejam que dado interessante: O pecado da separação, na linha de Tomás de Aquino, é pecado por ser prejudicial à evolução, ao bem-estar humano. Não é uma desobediência, não precisa ser perdoado, mas tem que ser reparado, refeito, expiado, e o único caminho é o amor que religa e não a aceitação de um castigo que levaria a nova dependência, nova transgressão, etc. estabelecendo um círculo vicioso.

Já a palavra *religião* tem duas possíveis origens etimológicas, que a linguística identifica:

1. Do latim, *religare* (verbo) – *religio* (nome). Assim, a religião deve religar o homem. A quem, ou a quê? É a pergunta que se impõe. Na interpretação mais tradicional, a Deus. Mas só a Deus, de quem talvez jamais estivéssemos desligados, ou o sentido será de desfazer o desligamento entre os homens?

Comte-Sponville entende que o *religare* teria o sentido da expiação, em Fromm, e criaria um dos elementos sem os quais uma sociedade não sobrevive: a comunhão. Essa comunhão, no plano dos sentimentos e ideais, mantém unida uma sociedade e tem o mágico poder de crescer ao ser repartida, diferente dos bens materiais, que, repartidos, decrescem na porção que compete a cada possuidor. Se reparto um bolo com vários amigos, quanto maior seu número, menor a porção de bolo que me cabe, mas a alegria de comermos juntos aumenta.

Outra origem para a palavra *religião* seria *relegere*, recolher ou reler.

A releitura de mitos, de textos sagrados, de escritos dos fundadores cria um liame, uma ligação entre os adeptos, e aí os dois conceitos se encontram e levam a Tomás de Aquino.

O pecado está na desunião, na separação, e seu resgate na religação só se efetiva quando tem fulcro no amor.

Na metáfora, ou lenda do paraíso, após surpreendidos pelo criador, Adão culpou Eva e esta não defendeu Adão. Não eram mais uma só carne, tomaram consciência de serem distintos, rompendo sua unidade original. Aí o pecado, a desunião.

Na Torre de Babel, um deus temeroso do poder dos homens, espelhando-se nos deuses gregos, resolveu confundi-los, criando uma diversidade de línguas, de modo que não mais se entendessem.

O desentendimento linguístico criou a desunião. Desunidos, passaram a viver em pecado e não tendo compreendido como poderiam se amar, não expiaram sua culpa, não se religaram, perderam o "estado de graça".

A força e a necessidade da união entre os homens, Deus e a natureza, sem ideia de separação, desunião, encontramos em Krisnamurti, ao exclamar: "Eu sou esse mundo todo", e, em Jesus, ao dizer: "Eu e o Pai somos um".

Temos, então, a escolha:

Viver no pecado, quer dizer, fora da graça, fora da realização, da felicidade, cultivando a desunião, qualquer que seja sua motivação, ou viver na graça, dissipando o alheamento, pelo exercício da compaixão, da razão e do amor: pela *re-união*.

A escolha, que é causa, é fruto de nossa decisão; o resultado está no plano dos efeitos.

Reinventar-se é preciso

Basarab Nicolescu, físico quântico, perguntou:

– De onde vem essa cegueira, de onde vem essa teimosia, de sempre querer fazer o *novo* com o *velho*?

Estamos diante de um desafio. É assim que devemos pensar o momento. E é diante dos desafios que decidimos pela sucumbência, por falta de capacidade de adaptação, de criatividade, ou pela superação e crescimento.

Novas atitudes se impõem, e elas se originam de um modo correto de ver as possibilidades, diametralmente oposto ao ceder ao pânico e frequentar o muro das lamentações.

Ditos do tipo: No passado é que era bom, ou, no meu tempo era melhor em nada auxiliam, sendo que, no segundo nos declaramos fora do único tempo em que podemos agir: o atual.

A humanidade superou crises acreditando em si mesma.

Superamos a impossibilidade de mover grandes pesos criando as alavancas. Encurtamos as distâncias antes intransponíveis, com o automóvel, o avião e as naves espaciais.

Tudo exigiu esperança, vontade e boa visão do futuro.

Enquanto as cassandras do apocalipse preveem um mundo sombrio, vamos, por sabermos que a expectativa do fato cria o fato, criar e colapsar novas possibilidades, desenvolver nossa espiritualidade e saber que a criação do futuro depende de nossa atitude no presente.

E há muitos esquecendo o principal: o desenvolvimento de nossa espiritualidade, cristalizada no exercício da compaixão, da empatia, do amor, que nos tornará felizes, em consequência, mais inteligentes e, assim, capazes de enxergar a renovação pelo mais adequado dos caminhos possíveis.

Ideias:
saber e viver

Existem pessoas que sabem suas ideias e pessoas que as vivem. Saber é uma questão de conhecimento, posta em prática, ou não, pelo viver, que envolve sensibilidade.

Nesse sentido, para exemplificar, citamos uma história envolvendo o físico Albert Einstein, parte verdadeira, parte lendária, mas perfeita para que se distinga o saber e o viver.

Einstein tinha um motorista muito parecido com ele. Inclusive cultivava um bigodão, branco àquela altura da vida, para implementar a semelhança física.

Numa ocasião, e aqui começa a lenda, levando Einstein para uma palestra a estudantes universitários, o motorista perguntou-lhe qual seria o tema. Obtida a resposta, disse ao físico:

"Dr. Einstein, eu já ouvi tantas vezes essa palestra, que sou capaz de fazê-la igualzinho ao senhor".

"Bem", disse Einstein, "então hoje vais fazer a palestra e eu vou ficar sentado, lá na última fila, onde costumas ficar me esperando".

O motorista era corajoso e encarou o desafio. Deu uma desajeitada no cabelo e após as apresentações de praxe subiu ao palco e, mostrando ter excelente memória, realizou toda a conferência, como verdadeiro gravador humano. Ele sabia a ideia, a ponto de repeti-la de cor.

Mas a compreensão, o viver, é um passo além da memorização. Termina a exposição e começam as perguntas, algumas recorrentes, em função do tema e do público, eram de pronto respondidas, porque já propostas em encontros anteriores, estavam na memória do corajoso motorista.

Mas, não mais que de repente, surge a questão nova. A pergunta cuja resposta não fora ouvida pelo "clone de plantão". O que fazer?

O motorista era esperto. Após breve hesitação, olhou fixamente para o estudante que lhe fizera a pergunta e disse, apontando-lhe o dedo: "Meu amigo, sua pergunta é tão singela, tão banal mesmo, que até meu motorista é capaz de responder". E, apontando para a última fila, chamou o *motoris-*

ta, dizendo: "Por favor, para provar quão simples foi essa indagação, venha até aqui e responda-a".

Conta-se que o *motorista* respondeu brilhantemente.

O verdadeiro motorista exemplifica o tipo de pessoa que sabia a ideia, no sentido de memorizá-la, mas não a dominava, não seria capaz de praticá-la, fosse o caso.

Assim ocorre com as ideias relativas à espiritualidade, ética, amor.... Não basta memorizar o Evangelho ou qualquer tratado de sabedoria espiritual sem colocar na vida suas diretrizes.

Nesse sentido, amor, fraternidade e ética são sentimentos a serem vivenciados. A ética há de estar presente nas relações de afetividade, mesmo porque preside as relações de amor.

Este não pode ser apenas uma ideia cantada em verso e em prosa. Precisa ser vivenciado até porque, segundo Einstein, é a maior força da natureza, e, de acordo com a moderna psicanálise, sua ausência, a incapacidade de vivenciá-lo, está na origem de todas as doenças mentais de fundo emocional.

E o amor ao próximo, mandamento fundamental do Evangelho, tem na caridade uma de suas mais importantes formas de materializar-se.

Foi essa profunda compreensão da ideia do amor que levou Kardec a afirmar:

– Fora da caridade não há salvação.

Fé sem angústia

Sabemos, informações que nos chegam do mundo das partículas subatômicas, que a expectativa do fato cria o fato. Daí porque aquelas previsões de desastres são desastrosas em si mesmas.

Não significa que não devamos ter cautela e, diante de novas situações, examinar, dentro de diferentes possibilidades, qual a probabilidade de ocorrência de cada uma. Mas sem a angústia que nos faz vivenciar antecipadamente as coisas ruins e, via de consequência, mesmo que não ocorram, vivê-las uma vez.

Margaret Wheatley, no livro *Liderança e a Nova Ciência*, adverte que mais de 90 por cento dos problemas que nos tiram o sono, ou não acontecem, ou ocorrem de maneira muito menos danosa do que imaginávamos. Então sofremos e nos desgastamos inutilmente.

E quando, a partir de nossas crenças, de nossa fé, fazemos algum pedido, devemos fazê-lo sem angústia. É possível? Talvez nem sempre, mas sempre podemos tentar.

Por isso, Deepak Chopra nos ensina a jogar nossos pedidos, ao cosmos, a Deus, a nossos protetores, anjos, enfim a quem ou a que quisermos, nos desvãos entre dois pensamentos, aproveitando instantes de cessação no constante ruído mental.

Essa fé, esse modo de pedir nos leva, segundo o citado autor, ao reino da felicidade e da superação. Leva-nos a ter foco sem angústia.

O *Evangelho Segundo o Espiritismo* nos aconselha uma fé perseverante, uma fé paciente, que não exige, para se manter, o atendimento imediato de nossos pedidos. A fé é, pois, a mantenedora da esperança, que nos permite, sintonizando com o bem, a transformação de nossas expectativas em realidade.

Importante lembrar de dar significado às nossas comemorações – e citamos a Páscoa como exemplo –, pois se constituem muitas delas em oportunidades para pensar além do simples festejo. A Páscoa é chamada tradicionalmente Páscoa da Ressurreição. Pois é precisamente o momento de fazermos ressurgir nossos ideais, fugindo do catastrofismo e da espetaculosidade de notícias que pintam sempre um porvir sombrio e descrevem um "homem lobo do homem".

Ainda no *Evangelho Segundo o Espiritismo* lemos que para ter fé é preciso compreender, donde se conclui que a fé não pode ser imposta e precisa ser raciocinada.

É útil, então, que às comemorações exteriores de eventos celebrados pela cristandade, juntemos nossos propósitos de evolução, na criação de um mundo mais fraterno, onde a mensagem de Jesus se torne prática de vida.

Não basta o ter a ideia cristã. Como sempre, é preciso ser sua exemplificação.

Observações, conselhos úteis para a vida

Veja a diferença entre pensar *nas* ideias seguintes e pensar *com base* nelas. É pensar *com base* nelas o que atrai o seu bem:

1. Seja uma pessoa verdadeira, e depois uma pessoa social. Vale dizer: ao ser perguntado sobre determinado tema, diga o que pensa e não o que sabe que os outros querem ouvir. Lembre a importância do "como dizer" para evitar a confusão entre franqueza e falta de polidez (deseducação).

2. Não crie barreiras para seu próprio progresso. Não fique a repetir, com a característica dos falsos modestos, coisas do tipo "eu nada sei", na esperança de ouvir inúmeros "não apoiado". Ao usar da falsa humildade, requinte mal disfarçado da vaidade, você poderá estar se autossabotando. Frases de falsa humildade poderão ser entendidas pelo cérebro como comando, causando, na hora em que são necessárias qualidades, o seu ocultamento motivado pela ordem: não sou capaz, nada sei, etc.

3. Descubra-se e atue no aqui e agora. Situação única em que podemos usar nossa liberdade de escolha. O *lá* e o *para sempre* são sempre possibilidades. Podemos programá-los, com maior ou menor probabilidade de êxito, em função das ações atuais, que podemos escolher. Deixar alegrias e realizações para um outro mundo é abrir mão delas, no momento em que nos batem à porta.

4. Não confunda foco com angústia. O primeiro organiza e orienta energias, enquanto o segundo produz desgaste, fadiga e, mor das vezes, desistência.

5. Não deixe de viver a vida esgotando suas energias todas para ganhá-la, no sentido de garantias financeiras. Permita-se viver a vida. Viva esse milagre ligado em modo *ser*. Seja vida, seja evolução, seja luz.

6. Não seja um censor, um acusador impiedoso de si mesmo. Fuja da onipotência e admita que se pode errar, pois esse é o primeiro e mais importante passo para não repetir enganos. O erro não pode ser igno-

rado, nem louvado. Deve ser seguido de seu reconhecimento, de um pedido de perdão, quando ofende outros e de um estudo das causas que levaram a ele, para não repeti-lo. Esse o caminho da correção.

7. Saiba que o destino de cada um é algo que ele mesmo arquiteta. Logo, não transfira para outros a responsabilidade pelo caminho que você mesmo traçou.
8. O amanhã é um conjunto de possibilidades, influenciadas por múltiplos fatores, entre os quais nossas ações de hoje. O ontem pode servir de lição, mas não temos o poder de alterar-lhe qualquer circunstância. Só o hoje pode ser vivido, modificado. Só se vive o aqui e agora.
9. Disse Jesus: Procurai a verdade, e ela vos libertará. Daí se conclui que devemos escolher a verdade para que ela também nos escolha e assim nos liberte de todos os enganos.
10. Não permita o estabelecimento de qualquer relação baseada no medo, para que não chegue ao absurdo de ter medo de ser feliz, como se fora a felicidade um pecado.
11. Saiba que um deus punitivo é obra do homem, que quer escravizar em seu nome, e por ser um deus respeitado apenas pelo medo, tutor de uma moral repressiva, é incompatível com a maior de todas as leis, que é a Lei do Amor.
12. Use o intelecto, mas não despreze a intuição. Bem usados, não são incompatíveis; ao contrário, são complementares.
13. Amar a si mesmo é condição *sine qua non* para amar o próximo.
14. Não existe amar mais ou menos; segundo Chico Xavier, quem assim procede corre o risco de se tornar uma pessoa mais ou menos.

Como nasce um paradigma

Um grupo de cientistas colocou cinco macacos numa jaula, em cujo centro pôs uma escada e, sobre ela, um cacho de bananas.

Quando um macaco subia a escada para apanhar as bananas, os cientistas lançavam um jato de água fria nos que estavam no chão. Depois de certo tempo, quando um macaco ia subir a escada, os outros o enchiam de pancada.

Passado mais algum tempo, nenhum macaco subia a escada, apesar da tentação das bananas.

Então, os cientistas substituíram um dos cinco macacos. A primeira coisa que ele fez foi subir a escada, dela sendo rapidamente retirado pelos outros, que lhe bateram. Depois de algumas surras, o novo participante do grupo não subia mais a escada.

Um segundo foi substituído, e o mesmo ocorreu, tendo o primeiro substituto participado, com entusiasmo, na surra ao novato. Um terceiro foi trocado, e repetiu-se o fato. Um quarto e, finalmente, o último dos veteranos foi substituído.

Os cientistas ficaram, então, com um grupo de cinco macacos que, mesmo nunca tendo tomado um banho frio, continuavam a bater naquele que tentasse chegar às bananas.

Se fosse possível perguntar a algum deles por que batiam em quem se metesse a subir as escadas, a resposta, provavelmente, seria: "Não sei, as coisas sempre foram assim por aqui..."

É uma boa história para tentarmos entender por que, às vezes, nos apegamos tanto a determinadas ideias a ponto de transformá-las em preconceitos. Recusamo-nos até mesmo a pensar sobre elas para um bom exame argumentativo. Aí começamos a trilhar a perigosa senda do fanatismo, caminho de difícil retorno. É importante nos questionarmos, com frequência, buscando a razão pela qual fazemos ou não fazemos certas coisas.

Lembremos Einstein: "É mais fácil desintegrar um átomo do que um preconceito".

Tudo igual é igual a tudo igual

Vamos a um dizer de Einstein:

– É uma grande tolice pretender resultados diferentes fazendo sempre as mesmas coisas. Há duas decorrências:

Primeira: Em qualquer circunstância, se nossos relacionamentos não vão bem, se verificamos que os caminhos trilhados pela humanidade não são os mais adequados e estamos conscientes de que os frutos que estamos a colher não são os melhores, nem os mais desejáveis, não podemos pretender mudanças, sem que mudemos de atitude.

Enquanto não substituirmos o homem lobo do homem pelo homem irmão do homem, o clima de alcateia predominará sobre o da fraternidade.

Se queremos resultados melhores temos de possibilitá-los com o comportamento adequado a seu surgimento. Como sempre, a escolha é nossa. Podemos semear o que quisermos, mas colheremos o fruto do que semearmos.

Segunda: Uma mesma causa agindo sobre diferentes objetos, ou meios, produz efeitos diferentes.

Os movimentos feitos para caminhar exitosamente não produzirão sucesso ao serem aplicados para nadar. O mesmo empurrão produzirá efeitos diferentes numa bola e num automóvel.

Estamos vivendo um momento novo, que exige a partir do reconhecimento de sua existência e de suas características atitudes novas. O "eu sempre fiz assim e deu certo" foi adequado a outro panorama.

Novas atitudes para efeitos desejáveis são necessárias. Reinventar ações. Não gosto do reinventar-se, pois não somos invenções aleatórias. Somos os arquitetos de nosso destino e, como tal, devemos reinventar nossos procedimentos e não nosso eu, que não podemos confundir com nosso ego, a que devemos dar aposentadoria compulsória.

Chega, então, o momento de usar a inteligência, orientada pela positividade.

Num Congresso Internacional de Cibernética, em Namur, Bélgica, de que participei, a delegação inglesa propôs a seguinte definição de inteligência: "Inteligência é a capacidade de perceber ordem, onde anteriormente havia desordem".

É o novo desafio. Perceber ordem, enxergar possibilidades, vislumbrar o êxito, através da adaptação ao momento, da crença em nossas possibilidades de cocriadores.

Não há fórmulas mágicas. Existe resiliência, capacidade de luta e inteligência criadora que vem do amor à vida e da crença no espírito humano. Essa crença no "espírito humano" exemplificada na Lei do Amor, de Jesus e confirmada na "Fé Raciocinada" da Doutrina Espírita, é o caminho para a realização da humanidade, no novo mundo que se inicia e que nos dá duas escolhas fundamentais: o salto evolutivo do ser humano, construindo uma nova sociedade baseada no amor e nas Leis do Espírito, ou o caos gerenciado pelo egoísmo, que conduz à destruição dos valores éticos.

Como sempre, a escolha é nossa, da humanidade, pois o livre-arbítrio nos dá a possibilidade de não apenas escolher, mas construir o nosso futuro.

A que ponto chegamos? Estamos satisfeitos com a paisagem que hoje se desenha para a humanidade?

Se quisermos continuar nessa vibe, basta não mudarmos em nada. Estaremos repetindo causas e reproduzindo os mesmos efeitos.

Se, no entanto, desejarmos mudanças, os novos efeitos serão consequência de novas e bem pensadas atitudes. Essas novas atitudes deverão ser norteadas pelo conhecimento e cultivo dos valores da espiritualidade.

As mais recentes pesquisas revelam que a felicidade depende muito de nossa relação de empatia com um número cada vez maior de pessoas. Poderíamos dizer que depende de uma fraternidade cada vez mais ampla. Depende muito do número de irmãos homens que cada homem possuir.

De paraísos e maçãs

A história começa com absoluta genialidade.

"Faça-se a luz", e a luz se fez.

Séculos de pesquisa científica, e o homem, a partir de equações matemáticas e suas interpretações, desenvolve a Teoria das Cordas, e a humanidade, através dos cientistas de ponta, entende que tudo começou com a luz, pois a matéria resulta de vibrações eletromagnéticas de filetes energéticos, sendo, por consequência, filha da luz.

Aí, cria o Senhor o paraíso: lugar maravilhoso, de tranquilidade, clima agradabilíssimo, paz, harmonia entre as espécies, momento em que o biógrafo do criador e historiador da criação literalmente viajou no tempo, narrando que os primeiros animais que povoaram a terra correspondem às mesmas espécies de hoje.

Pobres dinossauros, esquecidos. Hoje, sabidamente, extintos.

Saltos quânticos na dimensão do tempo à parte, vamos aos principais atores do drama do paraíso: Adão e Eva, por ordem de criação, sem qualquer preferência sexista.

Deu-lhes o Senhor o paraíso como hábitat. Por ali, sem qualquer tipo de preocupação e também sem qualquer possibilidade de mudança na história, vagaria o casal primitivo, com tudo à sua disposição.

Os biógrafos tradicionais, que viviam juntos e separados do casal ao mesmo tempo – não me perguntem onde, talvez num universo paralelo, com outra escala temporal e liberdade para ir e vir nos *worm holes* –, em sua maioria, são concordes em afirmar que o Senhor tudo permitia ao casal.

Eram eles, Adão e Eva, se não proprietários, usufrutuários do paraíso, com uma única proibição: comer do fruto da árvore proibida. Os mais versados na tradução do *paradisês* entendem que o nome exato da árvore seria árvore do bem e do mal.

Eva e Adão não tinham a menor noção do que seria o bem e o mal. A descoberta, segundo mais tarde se evidenciou, só ficaria realizada para quem comesse o fruto da árvore, ou, como prefeririam os arcadistas, para quem comesse do fruto da árvore.

Tudo parece indicar que esse fruto teria um estranho conteúdo comportamental; um conteúdo não físico, não objetivo em si mesmo, mas transmissível como conhecimento a quem o comesse.

Eva, em suas caminhadas noturnas, gozando o clima paradisíaco do paraíso – com perdão da redundância –, tinha, por vezes, estranhas visões que não sabia bem interpretar. Algumas dessas visões traziam-lhe, por intuição, sensações agradáveis, enquanto outras aportavam um quê de tristeza e até mesmo de indignação.

Seria talvez um vislumbre de avanços civilizatórios e de guerras, de mensagens proferidas por arautos da paz ou por mensageiros do ódio; enfim, coisas que somente muitos anos ou séculos mais tarde poderiam ser interpretadas.

Poderiam? Seriam acaso aquelas sensações de felicidade ou mágoa diante de visões do futuro algo exclusivamente inteligível através do conhecimento do bem e do mal, entendimento somente alcançável por quem comesse o fruto proibido?

Desagradariam ao Criador se o fizessem. Desagradariam? E se não o fizessem, jamais teriam uma consciência ética? Mas a consciência ética seria vantajosa. Não traria em seu bojo a necessidade de dizer sim a alguns impulsos, mas não a outros?

A escolha era difícil, mas as consequências se tornavam mais e mais previsíveis, não no sentido de serem explícitas – de explícito havia apenas a proibição do criador –, mas no sentido de saber o que eram as emoções intuídas por Eva relativamente a sentir-se bem ou mal diante de certas visões que seriam do futuro.

E falando no devir, um futuro determinístico, de um homem mero espectador do universo, ou um futuro probabilístico, desenhando-se a partir da vontade e da ação do homem, então não mais o bichinho de estimação preferido dos anjos, mas um coconstrutor do amanhã, com todas as responsabilidades inerentes?

Mas o que era exatamente ter responsabilidade?

Ninguém no paraíso sabia, mas talvez houvesse uma única maneira de saber. Valeria a pena a desobediência e o enfrentamento de uma possível fúria do Criador?

Foi um longo tempo, numa escala completamente distinta da atual, de troca de ideias entre o casal. Às vezes, dominava o plano decisório uma reação antidogmática do tipo: Por que se submeter a uma proibição imotivada? Noutras ocasiões, parecia predominar a ideia de conforto, de não mexer no modelo, de não contrariar o paradigma vigente, de viver um descansar pleno, sem preocupações, mas também sem conquistas.

Viver tendo o paraíso material, ou sendo um construtor de possíveis paraísos futuros? Viver em modo ter, ou em modo ser?

É nossa pergunta essencial.

A escolha pela ideia de conforto, por óbvio, terminaria num existir extremamente monótono, principalmente se considerarmos o fato relevante de que o casal não tivera infância, sendo assim carente de uma série de descobertas, o que parece ser a vocação das crianças. O perguntar por quê?

E coube a Eva, como mulher, pois as mulheres são sempre mais curiosas, mais buscadoras do progresso e incentivadoras de seus companheiros, incentivar Adão a quebrar paradigmas, a romper cordas, a terminar com o marasmo, comendo o fruto da árvore do bem e do mal.

E se disséssemos: Comendo do fruto... a sabedoria?

A consequência imediata estava predeterminada. Seguiu-se o *script*, e o Criador cumpriu a ameaça. Expulsão do paraíso. Acabou a moleza. Trabalhar para prover o sustento.

Castigo? Pois, para mim, aí reside a sutileza do Criador, que, como Ser infinitamente inteligente, só poderia ser infinitamente sutil. De sua verdadeira intenção, testar a qualidade do produto homem, cuja magnitude nem os anjos sabiam.

Falou o Senhor, no ato da expulsão, que o homem ganharia o pão com o suor do seu rosto; que haveria dificuldades, obstáculos, dores, mas, examinando bem, nesse momento da expulsão, consequente à desobediência quanto ao fruto proibido, o homem se inseria na Lei do Progresso.

O Senhor – e nem aos anjos relatou – ficou feliz pela escolha de suas criaturas. Provaram elas, através de sua decisão, em que utilizaram o livre-arbítrio, que, de fato, correspondiam à intenção do Criador, que pretendeu, conforme disse, fazê-las à sua imagem e semelhança.

A escolha era: permanecer no paraíso, com uma consciência extremamente limitada, sem a dificuldade que impulsiona o desenvolvimento e o progresso, em estado permanente de dependência, ou acreditar ser capaz de construir o próprio destino e questionar a si e ao universo com as perguntas instigadoras da Filosofia.

Não há dúvida de que a escolha foi excelente e agradou ao Senhor. Suas criaturas pensantes, na experiência com o pequeno planeta Terra, haviam optado pela liberdade, pela criatividade e, principalmente, pela possibilidade de desenvolver as bases da ética.

Senão, vejamos.

O casal raiz não tinha noção do que era o bem e o mal.

A serpente, que não mentiu em toda a sua fala, ao tentar convencer Eva a comer do fruto da árvore proibida, disse: "Deus bem sabe que no dia em que dele comerdes, vossos olhos se abrirão, e sereis como deuses, conhecedores do bem e do mal"... Está no Gênesis, 3-5.

Ora, saber a diferença entre o bem e o mal é exatamente conhecer a ética.

Para um leão, devorar um cordeiro ou uma criança não traz qualquer problema de consciência.

Para o homem, a partir do momento em que decidiu, via fruto proibido e suas propriedades, conhecer o bem e distingui-lo do mal, a diferença é abismal. Passou a existir no conhecimento humano uma das mais importantes noções que devem nortear sua existência: a noção de moral.

Na verdade, podemos concluir, entre lendas e argumentações, que a escolha do primeiro casal foi extremamente adequada. Foi muito importante a opção por comer a maçã. Com esse ato, o ser humano adquiriu a possibilidade de ser cocriador, de desenvolver o gênio inventivo, de criar máquinas para superar suas limitações físicas, como a de voar, por exemplo, e aprendeu a valorizar o trabalho.

No paraíso não haveria a necessidade de escolhas éticas, não haveria o monumento à grandeza do espírito humano que foi a Proclamação dos Direitos do Homem e do Cidadão.

A opção pela luta foi a confirmação da semelhança com o Criador, intenção original deste na criação. Sua criatura deveria ter a força suficiente para superar as dificuldades e, como vimos pela história, estaria em permanente contato ou confronto com a ética.

Nesse preciso sentido de ética, devemos entender, para não resvalarmos em direção ao fanatismo em qualquer atividade, que há princípios perenes, mas não imutáveis, quer dizer, não dogmáticos.

Isso significa que os princípios éticos, ou apresentados como tal, não devem ser aceitos apenas em função do argumento de autoridade, do tipo: "O guru de plantão disse, então é verdade".

As doutrinas mais avançadas, entre elas a Doutrina Espírita, propõem uma moral propositiva, em substituição à velha moral impositiva, ou repressiva. Moral cujo eixo principal, segundo Kant, é constituído pela autonomia de vontade.

Quer dizer: Examina bem as proibições que constituem a base da moral repressiva, de religiões e de estados totalitários, em que a maioria dos preceitos começa por *não*, e verifica se esse *não* é um salutar indicativo de conduta, ou uma corda que apenas limita o espaço a ser percorrido.

Voltando à maçã.

A maçã – convencionou-se dizer que era ela o fruto proibido – foi a grande benfeitora da humanidade.

Apesar de ser frequentemente utilizada como artefato de bruxas para prejudicarem seus inimigos, sabe-se que é muito boa para a saúde. Há, até mesmo, o dito inglês: "An apple a day keeps the doctor away".

A maçã também ajudou, como que tentando ajudar a recuperar sua imagem detratada, na descoberta da Lei da Gravidade.

E, se a ingestão da maçã de fato permitisse distinguir entre o bem e o mal, concluiríamos que quanto mais maçãs comêssemos, mais clara para nós, humanos, estaria a percepção da diferença entre ambos.

Vamos supor verdadeira a hipótese, para argumentar, somente:

Sendo assim, apresentemos logo um projeto de lei, de iniciativa popular, para obrigar os donos do poder a comerem muitas maçãs. Vamos brigar para que parte de nossos impostos seja usada na compra de maçãs, de ingesta obrigatória para os representantes de todos os nossos poderes, e vamos agradecer a intuição e coragem de Eva e Adão, pela noção de ética que já nos foi possível desenvolver, e que certamente inclui a *Ética a Nicômaco*, de Aristóteles.

Aristóteles presenteou a seu filho um tratado de ética. Pode haver maior presente? Deus colocou a curiosidade, a vocação para criar, no espírito de Eva e Adão, lançando um desafio sutil, em forma de escolha: conforto sem progresso ou lutar para crescer.

Eva talvez tenha até mesmo inventado o discurso da serpente para impulsionar Adão a uma atitude corajosa. A mulher foi, naquele momento, a mão que cortou a corda; que impulsionou o homem a abdicar do cordão umbilical para seguir em frente, enfrentando os sacrifícios necessários ao atingimento de novas conquistas.

Cortando a corda da proibição, nós, um futuro sempre presente, saímos do cercadinho paradisíaco e partimos para a conquista de um novo mundo, e já ensejamos largos passos para a conquista de outros.

Adquirimos a capacidade de criar, de diferenciar o certo do errado, de buscar a verdade que liberta, sem perder de vista a historicidade da verdade, cuja mutabilidade, em sua conceituação, é um aviso para não adotarmos fanatismos.

Nossa compreensão do universo, da vida, do bem e do mal se altera com nosso ângulo de visão, e se aperfeiçoa na medida em que crescemos na capacidade de ver o todo.

Eva, com sua coragem, nos libertou, não para a acomodação, mas para as grandes conquistas.

E as religiões tradicionais, num apego exacerbado a um texto superado, duvidaram, durante séculos, que a mulher tivesse alma.

De fato, num sentido pobre, talvez não tenha.

A mulher não tem alma, no sentido de possuir algo; ela é a alma da humanidade. É o ser, não o ter.

Um pouco de Lógica:
defesa contra falsos argumentos

Sabemos que o que é comunicado não é o dito do comunicador, mas o entendimento do ouvinte.

Há, no entanto, os comunicadores com má intenção, que usam de artifícios, mor das vezes falseando princípios lógicos, ou até mesmo descontextualizando ditos, para que a mentira bem trajada seja aceita.

Um dos princípios mais importantes da Lógica de Predicados de Primeira Ordem, criação de um dos maiores gênios da humanidade, o filósofo grego Aristóteles, é o silogismo. Permite concluir, a partir de duas premissas, a verdade ou não de uma afirmação final.

Vamos falar do princípio e das formas equivocadas de sua aplicação, para ficarmos atentos ao engodo de algumas conclusões aparentemente lógicas.

Em que consiste o silogismo:

Numa primeira etapa, chamada premissa maior, se atribui a um determinado conjunto de entes, bem definidos, determinada propriedade. Digo, por exemplo: Todo o cachorro é quadrúpede.

Assim, estou atribuindo ao conjunto dos cães, a propriedade, comum a todos, de serem quadrúpedes.

Num segundo momento do raciocínio lógico, incluo determinado ente no grupo. É a premissa menor. Digo: X é um cachorro.

Dado que X é um cachorro, estabelecido na premissa menor, aplico a ele o que é válido para todos os cachorros, premissa maior, e chego à conclusão, validada pela lógica de que X é quadrúpede. Essa a conclusão.

Agora, cuidado com os enganos.

Quando digo que todo o cachorro é quadrúpede, não estou dizendo que todo o quadrúpede é cachorro. Nesse sentido, muitos falantes tentam enganar, confundindo a premissa menor.

Vejam como:

Premissa maior: Todo o cão é quadrúpede.

Daí seguem os ignorantes, ou mal-intencionados, dizendo: O gato é quadrúpede e, concluindo, então o gato é cão.

Deu para perceber o engano?

Na premissa maior, atribuímos uma propriedade aos componentes de um grupo. Na menor, não podemos atribuir a propriedade ao ente, para, na conclusão, incluí-lo no grupo. Devemos, sim, incluir um ente ao grupo, para poder estender-lhe a propriedade.

Exemplo 1: Todo o triângulo é uma figura plana.

ABC é um triângulo.

Então ABC é uma figura plana. Perfeito.

Veja, agora o erro:

Exemplo 2: Todo o triângulo é uma figura plana.

O quadrado é uma figura plana.

Então o quadrado é triângulo.

Em vez de incluir um ente no grupo dos triângulos, para poder aplicar-lhe a propriedade comum aos triângulos, como no exemplo 1, atribuímos a propriedade a outra figura e nunca se afirmou a exclusividade da propriedade para o triângulo, o que não caracteriza uma premissa menor, logo não valida a conclusão.

Estamos vivendo um momento em que ouvimos muitas argumentações falaciosas. Saber o que é lógico e o que é cilada, é fundamental.

Esses erros são comuns em debates políticos e, até mesmo, em interpretações jurídicas.

Nesses dois terrenos, a confusão dos conetivos *e* e *ou* é terrível.

Bastaria lembrar que na linguagem comum o *ou* é excludente e na lógica não. Na linguagem comum "casou e teve um filho é diferente de teve um filho e casou". Na linguagem lógica não há diferença, não há essa ordem inferida, como no caso de João tem um carro e uma bicicleta, que não é diferente de dizer João tem uma bicicleta e um carro.

Mas essa temática se refere à pragmática, ao estudo das implicaturas e da Lógica da Linguagem Natural, que serão tratadas em outro livro.

Fica aqui o convite para sua leitura.

Pensar é importante. Ajuda muito e não dói.

O enigma das três portas, ou o problema de Monty Hall

Aqui vamos tratar de importante questão de lógica, à qual, a meu ver, foi dada uma solução equivocada, que, por partir de especialistas, logo se tornou aceita e não discutida.

Devemos lembrar sempre que o chamado argumento de autoridade, aquela famosa posição de "fulano disse, então está certo" significa abdicar do dever lógico de observar muito, examinar as diferentes hipóteses propostas, para só então concluir.

Poderíamos chamar este artigo "de volta à realidade".

Sabemos que, muitas vezes, em ciência, o senso comum nos engana. Mas não é sempre. Podemos nos enganar por dar demasiado crédito a soluções mais sofisticadas, que, embora acompanhadas de raciocínios elaborados, pecam algumas vezes por fugir ao real, tentando descrevê-lo, como se só o formal existisse.

É o caso do famoso Problema de Monty Hall, que foi apresentado num filme, com base em fatos reais, em que um grupo de estudantes e professores, da área da matemática, de modo especial do cálculo de probabilidades, estuda como ganhar em Las Vegas; como aumentar a probabilidade de apostar com sucesso.

O Problema de Monty Hall é o que segue:

Num programa de televisão, um participante sorteado deve escolher uma entre três portas que lhe são mostradas. Atrás de uma delas, há um automóvel, sendo que as outras abrem para o vazio. A escolha da porta que esconde o carro dá o veículo ao participante.

Obviamente, como existem três portas e, entre elas, só uma premiada, a possibilidade de o sorteado escolher a porta correta é de 1/3, ou 33,33... por cento.

Até aí, tudo tranquilo.

Então, o participante escolhe, por exemplo, a porta A. As portas são A, B e C.

Antes de mandar abrir a porta escolhida, o apresentador abre uma das outras, por exemplo a porta C, que ele, apresentador, sabe estar vazia.

Mostrando que a porta C não é a premiada, o apresentador pergunta ao participante, que havia escolhido a porta A, se deseja, ou não, mudar sua escolha.

Surge, então a pergunta: A mudança de escolha para a porta B aumentará as chances do espectador? Qual a probabilidade de cada porta estar premiada?

A resposta imediata, uma vez que são duas portas e o prêmio está seguramente em uma delas, é de que a probabilidade de prêmio é de 50 por cento para cada porta.

Assim sendo, mudar de escolha, ou não, em nada altera a probabilidade de acertar. O raciocínio do filme, em que um aluno ganha pontos por ter percebido a resposta exata, bem como o que circula na Internet é diferente e é assim construído:

Quando o convidado escolheu uma porta, a probabilidade de acerto era de 1/3 para cada uma. A partir do momento em que fica sabendo que uma das portas está vazia, a probabilidade, que antes era de 1/3, também para aquela porta, desaparece dela. Há, agora, a certeza de que ela está vazia.

Então essa possibilidade de 1/3, que deixou de existir para a porta C, retorna ao grupo.

Mas, como a primeira foi escolhida antes de esse fato ser sabido, mantém sua possibilidade em 1/3 inicial e o terço restante, que antes era da porta vazia, se desloca para a porta não escolhida.

Então, mudar, tem maior probabilidade de ganhar.

No deslocamento da probabilidade de um terço da porta que está vazia, para a não escolhida, começa a perda de contato com a realidade.

O saber que há uma porta vazia não modifica a real presença do objeto em A ou em B.

Poderíamos raciocinar em sentido inverso, dizendo que B foi rejeitada na primeira escolha, quando tinha 2/3 da possibilidade de não ser premiada. Então, deslocaríamos a probabilidade de não estar premiada da porta C, agora 3/3, também para a não escolhida?

Simplesmente, o raciocínio do aumento de probabilidade da não escolhida, após o conhecimento de a terceira, C, não estar premiada, só seria considerado em alguma experiência do mundo quântico, em que a consciência do observador, até mesmo pelo modo de observar, influi no resultado do observado. Sem chance quando o objeto observado tem o tamanho de um automóvel.

Sejamos simples, mantendo os pés no chão.

O cálculo de probabilidades, como diz o nome, trabalha com a possibilidade de eventos futuros. A estatística, com eventos ocorridos.

Então, a possibilidade de a porta escolhida estar premiada era de 1/3. Ao saber-se que a terceira não é premiada, independentemente de qualquer escolha inicial ou de uma eventual suposta "transfusão de possibilidades" para uma das portas, o que não faz sentido, temos duas portas. Atrás de uma delas um carro.

As chances são rigorosamente iguais para as duas, sendo a probabilidade de ganhar a mesma, mude-se ou não a escolha. Encaremos a realidade. A partir da revelação de que há uma porta vazia, temos um problema, agora de duas portas, uma das quais é premiada.

Nova realidade, novo problema. É cara ou coroa. É 50 por cento. Novo problema real, nova solução real. A estatística pode confirmar.

Não se deve aceitar o sofisticado só por essa característica...

O senso comum ainda é, muitas vezes, um bom guia.

"Não se pode resolver o novo com o velho" (Basarab Nicolescu).

Para finalizar, demonstremos, de modo simples e objetivo, a falácia do argumento de Monty Hall:

Vamos retornar ao mesmo estúdio.

Um entrevistado está diante das três portas: A, B e C e atrás de uma delas há um carro. Acertando a porta, o entrevistado se torna o feliz proprietário do veículo.

Atrás das portas há um extenso corredor que termina em outra porta, igualmente identificada, por A, B e C, num estúdio paralelo, que chamaremos estúdio 2.

Ao mesmo tempo, nos dois estúdios, dois convidados que não se veem, nem ouvem, são instados a escolher uma porta, buscando ganhar o prêmio.

No estúdio 1, o candidato João escolhe a porta A. A seguir, o entrevistador mostra que a porta C está vazia e pergunta se o candidato deseja mudar sua escolha.

Segundo o argumento Monty Hall, a mudança aumentará a probabilidade de acerto.

Assim, a porta B é a de maior probabilidade de ser premiada.

Mas, ao mesmo tempo, no estúdio paralelo, o candidato Pedro escolheu a porta B.

O entrevistador mostra que a porta C está vazia e pergunta se Pedro quer mudar sua escolha.

Segundo o argumento Monty Hall, a porta A terá se tornado mais provável...

São os mesmos corredores, os eventos acontecem no mesmo tempo e num estúdio a porta A é mais provável, acontecendo noutro exatamente o contrário.

Mas é o mesmo problema, no mesmo tempo.

Daí, a porta A **é e não é** a mais provável ao mesmo tempo.

Flagra-se aí negação ao terceiro princípio da Lógica de Predicados de Primeira Ordem, chamado Princípio do Terceiro Excluído, que determina ser impossível A e não A, ao mesmo tempo, no mesmo lugar.

As mesmas portas, a mesma situação, ao mesmo tempo, com diferentes conclusões. A mesma porta tem ao mesmo tempo diferentes possibilidades.

Negação expressa de: ~ (AV~A). Não é possível A e não A

Assim, o problema Monty Hall tem solução fácil e compatível com o senso comum, nesse caso, associado ao bom-senso.

A partir do momento em que, havendo um prêmio atrás de uma de três portas e devemos adivinhar qual a premiada, ficamos sabendo que uma não está contemplada, independentemente do fato de mudarmos ou não uma escolha inicial por uma das outras duas portas, a probabilidade de acerto é de 50 por cento.

Afinal, o prêmio só pode estar numa ou outra. O resto é sofisma travestido de raciocínio lógico.

É sempre bom pensar.

Um método e elementos formais para o Direito?

A busca de tornar o Direito uma ciência que metodológica e epistemologicamente se tornasse independente de outros ramos do conhecimento, fundamentando suas leis em seus próprios domínios, levou Kelsen à genial concepção da Teoria Pura do Direito, que permitiria o estabelecimento e a hierarquização das normas jurídicas justificados em seu próprio domínio. Uma espécie de grito de independência.

Assim, surgiu a concepção da Grande Norma Fundamental, a que todas as demais, sob pena de exclusão do conjunto de validade, estariam sujeitas, guardando, também entre si, um grau de hierarquização.

Numa descrição meramente exemplificativa, teríamos, dentro do processo de hierarquização, que uma lei estadual não pode contrariar uma lei federal, e assim sucessivamente.

Mas, o que cabe agora discutir é a natureza da Grande Norma.

Como não tem materialização, deve ser tratada como um elemento formal, donde decorre o questionamento a respeito da possibilidade de o Direito fundamentar validar suas normas, numa chamada Grande Norma teórica, que é formal, assim como os elementos da Matemática, e seu capítulo importantíssimo, a geometria, e seu fundamento, a lógica.

Conforme é consabido, as ciências, numa nomenclatura correta – embora esquecida nos meios acadêmicos –, se dividem em:

Ciências formais: Nesse grupo temos somente a lógica e a matemática.

Ciências empírico-formais: Utilizam a experimentação e o formalismo, expresso em suas equações. Tal é o caso da física e da química, para exemplificar.

Ciências hermenêuticas: Ciências de interpretação, como a história, a sociologia, o direito.

Como ciência formal, a lógica não tem objeto próprio, embora sua gama infinita de aplicabilidades.

Mas, convém reprisar, é uma ciência formal.

Tomemos o silogismo como exemplo:

Aceita uma informação aplicável a todos os elementos de um conjunto: premissa maior; uma vez verificada a pertinência de um elemento a esse conjunto, premissa menor, conclui-se ser a informação inicial, ou propriedade, aplicável a esse elemento.

Exemplo:

Todo o lobisomem é feroz: a ferocidade é uma propriedade de todos os elementos pertencentes ao conjunto dos lobisomens. É a premissa maior.

Pedro é lobisomem: premissa menor. Pedro pertence ao conjunto dos lobisomens.

Verifica-se que a propriedade comum a todos os elementos do grupo está presente em Pedro, o que nos permite a conclusão: Pedro é feroz.

Assim sendo, dentro dos pressupostos das premissas maior e menor, é logicamente correto afirmar a ferocidade de Pedro.

A lógica não discute a existência ou não do lobisomem.

Se assim fizesse – o que seria motivo de contentamento e verdadeira realização do ceticismo radical –, seria uma ciência a tratar de infinitos problemas, o que a tornaria vítima fatal de plena incompletude.

A lógica informa na forma.

O direito não pode fundamentar seus princípios numa Grande Norma Teórica, por se dirigir a seres humanos e não a objetos formais. Até porque sua Grande Norma, em termos de dever-ser, poderia ser expressa como: Obedeça à Grande Norma, enunciado que, se ao menos não tangencia, pode se enquadrar no critério de pertinência ao conjunto das tautologias.

Examinemos outras questões na área das ciências formais, para mostrar suas incompatibilidades com o mundo do dever-ser.

A geometria euclidiana constrói toda a sua demonstrada verdade a partir de três conceitos fundamentais, ou primitivos, o que quer dizer não definíveis, podendo apenas ser caracterizados. Não existe para eles uma definição

São eles: o ponto, a reta e o plano.

E aqui algumas estranhezas são apresentadas ao senso comum.

Um ponto é um elemento zerodimensional. Vale dizer, não ocupa lugar no espaço. Seria uma circunferência de raio zero. Por isso, nunca o veremos, a não ser que cheguemos ao mundo dos arquétipos de Platão.

Uma reta é unidimensional, quer dizer, não tem largura, nem espessura. Quando desenhamos num papel um traço em linha reta, segmento de reta, esse traço terá necessariamente largura, por mais fino que o possamos desenhar e espessura, porque o lápis com que o traçamos deposita material sobre a folha.

Conclusão: jamais veremos uma reta, ou mesmo uma parte limitada desta, que é o segmento de reta.

Mas, um segmento de reta é feito de pontos, pelos postulados da geometria. Um segmento de reta tem uma dimensão: comprimento, enquanto os pontos não têm dimensão.

Paradoxo: uma soma de zeros dando um resultado diferente de zero. Um conjunto, e é sempre infinito, de zeros, gerando um elemento unidimensional. Uma soma da nadas dando um comprimento, ocupando um lugar.

E mais: tenha o segmento de reta 5cm, ou 10m, ou mesmo considerando a reta que é infinita, o número de zeros (pontos), em qualquer caso, será infinito.

E, com todos esses desafios ao senso comum, temos a aplicabilidade de tudo isso em toda a geometria plana e espacial, de validade incontestável.

Há mais: Quando se demonstra um teorema – o que deveria ser ensinado em todos os graus de escolaridade à exaustão –, se aprende o caminho de uma argumentação perfeita, em que não se confunde hipótese com fato consumado, nem demonstração com argumentação vazia.

Pois todo o teorema da geometria começa com uma hipótese, que tem em sua primeira fase o ponto nodal do que queremos examinar.

Diz-se, por exemplo: Seja ABC um triângulo.

Por que se diz *Seja*?

Porque, a rigor, não é. O que podemos traçar é uma representação da ideia (elemento formal), triângulo, uma vez que seus lados são segmentos de reta e como tal impossíveis de serem desenhados.

Mas, reconhecendo a impossibilidade de trazer o formal para o material, a geometria demonstra verdades de plena aplicação em nosso chamado mundo objetivo.

Poderíamos, no direito, construir um sistema legal lógico, no sentido estrito e rigoroso da formalidade, com argumentos do tipo: Seja "C" um cidadão?

Não devemos examinar em cada caso, motivação, intenção, mesmo que em atos iguais, tornando sua capitulação diferente?

Precisamos enfrentar problemas não solúveis pela Lógica da Linguagem Natural – embora sua inequívoca aplicabilidade a muitos casos –, como, por exemplo, as ironias, que a Lógica da Linguagem Natural não consegue, com o formalismo, distinguir da afirmação feita com seriedade.

Um "ele é a alma mais honesta deste país" pode ser irônico e a formulação da linguagem não tem como distingui-lo de uma afirmação feita com seriedade.

A interpretação teleológica de uma lei busca o momento histórico e as razões éticas de sua promulgação. É muito bom quando são razões éticas.

Por isso entendemos que a busca de uma Teoria Pura do Direito, bom instrumento para a hierarquização legislativa, não pode ter a pretensão, num mundo em que a grande lei da Física Quântica é a interconectividade, de transformá-lo em uma ciência sem interconexões, mesmo em seus processos fundamentais de elaboração de normas.

A menos que possamos formalizar o ente humano e começar a descobrir propriedades relacionadas com conceitos aprioristicos e, a partir daí, estabelecer a equação do ser humano. Mas, numa equação, sempre há incógnita e, também, conforme o grau, várias soluções, nem sempre todas elas reais. Vale?

Insegurança jurídica

É a maior já vivida em nossa história e, qual incêndio na mata, aumenta exponencialmente sua propagação

Vou dizer pouco, em espaço, talvez o bastante para quem entenda.

A fogueira das vaidades não está sofrendo qualquer ameaça de falta de combustível.

A insegurança citada é a pior de todas e ameaça conduzir as instituições ao caos e os cidadãos à incerteza e à perplexidade.

A arrogância e o sentimento de onipotência inspiram decisões que adquirem força de lei, muitas vezes de curta duração, logo substituída por outra de inspiração semelhante.

Nesse estado de coisas, presidentes, governadores, prefeitos, assembleias, órgãos colegiados em geral ficam submissos a decisões monocráticas, tomadas muitas vezes ao sabor de preferências políticas subjetivas, mas indisfarçáveis.

Fala-se em poderes independentes e harmônicos.

Brincadeira? Estamos sob a tutela de um superpoder que age acima da lei.

Quanto às garantias individuais, temos prisões sem formação de culpa, sem o devido processo legal e advogados de réus de processos conexos proibidos de falar entre si, num escárnio totalitarista ao talvez extinto "direito de ampla defesa".

Sob o pretexto de defender o Estado Democrático de Direito de ameaças criadas por delírios de onipotência, pratica-se a mais ampla gama de arbitrariedades, e a decisão monocrática do membro de uma corte, nomeado, anula aquela de uma assembleia eleita para legislar e representar o povo.

Equilíbrio de poderes? Liberdade de opinião? Amplo Direito de Defesa?

Seria cômico se não fosse trágico.

Da perspectiva do castigo como elemento inibidor do crime

Vivemos um momento crucial no esquema evolutivo e, até mesmo, civilizatório da humanidade: o incremento assustador da violência. Tal ocorre nas ruas, nos campos de futebol, nos lares, para não falar do espectro da guerra, eternamente presente, para nossa tristeza.

Episódios de racismo – essa chaga moral – repetem-se à exaustão e o "homem lobo do homem" se manifesta corriqueiramente.

Os noticiários da grande imprensa, as postagens, muitas vezes anônimas da Internet, as conversas com conhecidos nos fazem sabedores dessa prática continuada de crimes e delitos de toda ordem.

Quase que unanimemente, ao noticiar fatos dessa natureza, vemos divulgadores e formadores de opinião unirem suas vozes às da grande maioria da população que, com justiça, pedem punições exemplares aos criminosos, como forma de, entre outros efeitos, inibir as ações danosas através da certeza de exemplar punição a seus autores.

Concordo.

Diz-se que a impunidade é a mãe dos crimes; que sua certeza encoraja o criminoso às suas práticas maldosas. É uma verdade, mas devemos reconhecer que é uma *triste* verdade. Trata-se de moral repressiva e sua necessidade mostra quão atrasados ainda estamos na prática dos valores da ética e da espiritualidade.

No estágio de muitos espíritos, só o medo de uma sanção severa inibe a vontade de delinquir. São pessoas que agem corretamente, melhor dito: deixam de praticar o erro, por temerem sua consequência, embora tenham por aquele, o erro, grande e muitas vezes fatal atração. Só deixam de fazer o mal por temerem o castigo correspondente. É o buscar o céu pelo medo do inferno e não pelo respeito à boa conduta.

A moral repressiva que, infelizmente, ainda é um remédio eficaz, está guiando a conduta daqueles que só não praticam o mal por terem medo de Deus, da polícia ou do diabo. Na certeza de que não serão pilhados, pois talvez Deus esteja dormindo, de que a polícia não chegue e crendo que com o diabo sempre sai algum acordo, falamos metaforicamente, fazem qualquer coisa, deixando, de modo recorrente, a ética no escaninho das coisas esquecidas.

A evolução espiritual deverá substituir a moral repressiva por autoconhecimento. É o certo pelo certo, de Kant. O amar e respeitar o próximo, de Jesus, o conhecimento da Lei de Causalidade, no sentido kardequiano.

O espírito consciente de sua grandeza não é atraído, fascinado, conquistado pela falsa grandeza que os atos antiéticos podem fazer vislumbrar. Não necessita ter medo do inferno para ser solidário, humano, fraterno. É aquele ser que pratica o bem pelo bem, que, mesmo na ausência de leis punitivas, por respeito a si mesmo, decorrência do conhecimento de sua grandeza espiritual, age dentro dos princípios elencados pela ética.

Estamos, ainda, numa fase em que a repressão é necessária para atemorizar, desestimular o bandido. Mas isso é para o bandido. E é bom saber que bandidos existem.

O homem de bem não precisa desse tipo de ameaça para ter boa conduta. Está na fase da moral pelo autoconhecimento e é esse o caminho que o grande mestre Jesus nos ensinou e devemos ensinar a nosso próximo. E tudo começa pelo autorrespeito e pelo amor a si mesmo, que bem compreendidos nos levarão a outro patamar evolutivo.

Lá chegando, compreenderemos que só o amor constrói e que "fora da caridade não há salvação".

Afinal, quem somos?
acaso ou construção inteligente?

A ciência nos descreve um mundo e nós acreditamos nela. Em função disso, nos preparamos para viver naquele mundo que nos é descrito, tentando buscar sintonia com suas leis.

Por isso, no mundo sombrio da mecânica clássica, que inspirou o materialismo realista, tinha lugar o egocentrismo, a opressão do mais forte submetendo o mais fraco porque, nele, as coisas só funcionavam à força.

Assim sendo, todo o oculto era fantasia; éramos máquinas sem consciência, logo descartáveis, correndo em um Universo-Máquina, previsível, governado por leis imutáveis, relativamente às quais não tínhamos a menor possibilidade de intervenção.

Biologicamente, éramos considerados mutações ao acaso, simples portadores de DNA, na busca implacável por reproduzi-lo, num Universo sem sentido.

Caráter, honradez, ética eram simples consequência das posições dos átomos em nossas células. Nada referente à consciência.

Por isso, Bertrand Russel, filósofo e matemático inglês, afirmou que ao nos enxergarmos refletidos no espelho da Física Newtoniana, estamos mergulhados no desespero inarredável ao qual ela deu origem e conclui que, assim sendo, toda a labuta dos séculos, toda a devoção, toda a inspiração, todo o brilho do gênio humano estariam destinados à extinção na vasta morte do sistema solar; e que todo o templo da conquista humana deveria inevitavelmente ser soterrado sob os escombros de um universo em ruínas.

A Nova Física, no dizer de Allan Wolf, PhD em Física Quântica, escritor e conferencista, traz um novo ar de liberdade e responsabilidade.

A certeza, o tudo está previsto da Física Newtoniana é substituída por um Universo de possibilidades; e nesse universo de possibilidades é nossa consciência que realiza escolhas. Somos, então, responsáveis.

As religiões tradicionais, na esteira daquele pensamento mecanicista, acreditavam num destino, caprichosa e descriteriosamente traçado por um ser superior, ao qual não poderíamos fugir.

Consequência lógica: Na função de marionetes que exercíamos não tínhamos nem mérito, nem culpa. Cumpríamos o *script* do destino.

O espiritismo, então, já falava de livre-arbítrio, da possibilidade de escolhas e de nossa responsabilidade decorrente.

Estava à frente da ciência do seu tempo, pois enquanto aquela falava de um universo imutável e de um viver sem escolhas, Kardec nos alertava sobre o livre-arbítrio e a reencarnação devolvia ao homem a possibilidade de vislumbrar um Deus justo.

Uma inteligência suprema, causa primeira de todas as causas, que, sem preferidos ou preteridos, a todos criara num mesmo patamar, dando a cada um a possibilidade de evoluir sempre, num ritmo ditado por seu entendimento e suas ações.

A Física Quântica trouxe para o Universo da Ciência a presença indispensável da consciência do observador, que passa, de mero e impotente espectador, a cocriador da realidade.

Demonstra-se que em experiências nas quais o elétron pode assumir o comportamento de onda ou de partícula, é a consciência do observador que irá fazê-lo adotar uma ou outra manifestação.

Ademais, a grande lei da Física Quântica é a Lei de Interconectividade: Tudo no Universo está interconectado, logo não há ações isoladas. Nossa consciência influi no universo material, nas outras consciências e nos constrói de dentro para fora, tornando-nos os arquitetos de nosso destino, pois, rigorosamente, somos o que fazemos de nós.

A matéria perde sua substancialidade. É caso particular da energia. A ciência conclui que o Universo Físico é essencialmente não físico, a ponto de dizer que seus componentes básicos são **energia e intenção**.

Surge a hipótese do observador absoluto: a Inteligência Suprema.

Muitos esperam que, assim como o século XX derrubou um a um os alicerces da perspectiva materialista, fazendo ruir seu edifício, o século XXI derrubará a parede de ferro existente entre a fé, raciocinada, por óbvio, e o laboratório.

A Doutrina Espírita conceitua e preceitua a fé raciocinada, a evolução através do mecanismo das vidas sucessivas e constrói o elo de união entre ciência e espiritualidade.

Chegamos pouco a pouco à equação: conhecimento científico + espiritualidade = sabedoria.

Em nome da Ciência:
tempos de Covid, de dengue e de incoerentes declarações políticas

Pois o que mais se ouve, em termos de conversas via Internet, ou na escuta, às vezes penosa de noticiários é a justificativa das mais diversas atitudes, como sendo tomadas em nome da ciência.

Principalmente quando os divulgadores de determinada medida são a favor desta, encerram seus comentários dizendo: As medidas tais e quais foram tomadas a partir de dados de caráter científico.

Dados de caráter científico? Parece que dados são neutros e sua hermenêutica nem sempre unívoca.

Assim, quando a ciência virou palavra mágica, sendo usada para justificar tudo, das medidas adequadas ao absurdo, essa história de atribuir caráter científico, de acordo com a verdadeira torcida do divulgador, a ideias próprias ou alheias, faz muito mal ao conhecimento científico.

Há uma apropriação indébita, um uso indevido do termo, por pessoas que não têm a menor noção do que seja o método científico e do caminho de corroboração das hipóteses. E afirmam, com ares de grandes conhecedores, que tal medicamento tem ou não tem comprovação científica.

Mesmo hipóteses podem ser científicas, merecedoras de análise, ou não.

Seria, então, muito interessante, devido à magna importância da ciência para o ser humano, até por configurar diferenciação essencial entre o homem e outras espécies – Ariano Suassuna já dizia que um macaco não é capaz de fazer um prendedor de roupas – que, se elaborasse, em relação à ciência, algo semelhante aos mandamentos da Lei Mosaica.

O segundo e fundamental mandamento relativo à ciência, a ser respeitado por todos os chamados divulgadores de opinião, seria:

Não tomar seu santo nome em vão.

Esforço e mudança

Sabe aquelas ofertas que frequentemente nos fazem via Internet de uma assinatura de jornal ou revista, grátis por 30 dias?

Decorrido esse prazo, basta um telefonema e podemos cancelar, sem qualquer custo, a assinatura-degustação que nos foi ofertada.

Os generosos autores da oferta fazem-na porque acreditam que, lendo seu jornal/revista, ou utilizando seu aplicativo por 30 dias, nos convenceremos da utilidade de manter uma assinatura?

Certamente a aposta é outra. E qual é?

A acomodação de um grande número, se não da maioria de clientes potenciais, aquela acomodação que nos transforma em "apanhados de hábitos".

O esforço requerido para mudar – e muitas vezes o dito fácil contato para desistir não é tão fácil – é uma quebra na acomodação; um tipo novo de atitude, e os acomodados vão esquecer para evitar o esforço, ou, mesmo, entender ser melhor deixar tudo como está.

É a dificuldade de mudar, parte integrante da cultura do pessimismo que nos leva à inércia, à aceitação do pior e à paralisação.

A mais exata forma de medir a vontade humana.

"De quanto esforço és capaz?"

Vale para todas as mudanças que realmente queremos produzir, desde o cancelamento de uma assinatura virtual ou física, até o abandono de hábitos, comportamentos que nos são prejudiciais.

Lembremos que ninguém cura quem não quer ser curado, nem muda quem não quer fazer esforço para mudar.

Se você vive em modo ter, ou não sabe em que modo vive, mas entende as vantagens, a grandeza de viver em modo ser, mudar de um para outro depende de "quanto esforço você está disposto a fazer".

Será mesmo melhor esperar pelo pior?

Começamos por uma pista: No mundo subatômico, a expectativa do fato cria o fato. Aí, a expectativa do pior não é útil. É uma fuga de quem pretende ter certeza de resultados.

O psiquiatra Aaron T. Beck, professor emérito de Psiquiatria na Universidade da Pensilvânia, entende a ansiedade – poderíamos dizer o pessimismo – como característica relevante dos angustiados, reveladora de um desejo de controle, que, verificado impossível, faz a mente derivar do real para um conjunto de sintomas criados, na esperança de poder dominá-los.

Segundo Aaron Beck, na crise de ansiedade, as pessoas costumam apresentar um sistema de crenças nocivo sobre si mesmas, o mundo que as cerca e o futuro.

Admitem verdades como: "É sempre mais sábio presumir o pior".

Essa atitude, característica de uma postura defensiva em relação ao existir, está na contramão do conhecimento de um futuro de possibilidades em que temos escolhas.

Ansiosos, admitindo por razões muitas vezes religiosas a imutabilidade do futuro, tentam pensá-lo pior do que efetivamente estaria escrito, para ter a *felicidade* de viver algo menos ruim do que imaginavam.

É muito pouco para seres humanos sujeitos à lei do progresso. É pouquíssimo para seres inteligentes que se dedicam a aprender a arte de viver, a sublimidade de amar e a possibilidade de ser feliz.

E há outras características dos angustiados:

"Problemas podem surgir a qualquer momento; preciso estar preparado." Mas, ao invés de se preparar efetivamente, com possíveis e variados aportes de soluções, vive o temor decorrente da incerteza e, ao invés de criar – vocação ínsita do ser humano –, se submete à dor do possível problema e sofre-a, mesmo que aquele não venha a existir.

Poderíamos citar outros exemplos fartamente demonstrativos de que angustiar-se, vale dizer, esperar pelo pior, é nocivo à nossa própria percepção da realidade.

Num estudo sobre a ansiedade, os escritores e pesquisadores Daniel Freeman e Jason Freeman, submeteram um grupo de ansiosos – para fins práticos, consideraram ansiosos e angustiados, sem distinção, no teste apresentado, que consistiu no seguinte:

Foram ditas séries de palavras homófonas (mesmo som ou som muito parecido), mas heterônimas (significados diferentes), em pares, devendo os participantes do teste anotarem o que entendiam, que palavra teriam ouvido em cada par.

Os pesquisadores escolheram pares de palavras, dentro das características descritas, em que uma das palavras tinha um significado bom e a outra, significado ruim.

Os pacientes deveriam anotar o que entendiam.

Entre os ansiosos, a percepção correspondente às palavras de significado ruim foi muito maior.

Assim, a angústia, decorrente de um irrealizável desejo de controle traz sempre a pior expectativa e, como começamos dizendo, a expectativa do fato cria o fato".

Em qualquer situação, de modo especial na que vivemos hoje, cuidado sim, pânico, angústia, não.

Criar a angústia é criar o desequilíbrio, a doença, daí porque, ser muito difícil entender a insistência de determinados veículos de comunicação em mostrar desgraças, seres sofrendo nas UTIs e enterros em massa, sem contar as entrevistas destituídas de qualquer traço de sensibilidade, em que se indaga a quem perdeu um ente querido, de preferência de surpresa, na hora do enterro, "como está se sentindo" e outros quetais, por mais violenta e traumatizante que tenha sido a perda.

Isso não é útil. É criar o melhor ambiente possível para a doença. Não é alerta; é sensacionalismo de mau gosto, gerador de enfermidade física ou psicológica. Quem não estiver vacinado contra o vírus da angústia e do desespero não assista esse tipo catastrofista e/ou sangrento de noticiários, para evitar que, em sendo induzido a esperar o pior, se transforme numa vítima, num cocriador de desgraças.

Assim como cuidamos da alimentação do corpo, devemos zelar pela informação que recebemos, que é a alimentação da mente.

Estupidez

Pois, amigos, a partir dos acontecimentos do jogo Brasil X Argentina, em 21 de novembro de 2023 no Maracanã, temos plenas condições de criar o Dia da Estupidez.

Esta se manifestou, em todos os seus múltiplos aspectos. Vejamos:

No que diz respeito ao posicionamento das torcidas no estádio, a famigerada CBF, com todos os responsáveis por essa logística – ninguém quer assumir essa responsabilidade; estamos no famoso jogo de empurra – a estupidez se manifestou no sentido de imprevidência, de descaso com a vida das pessoas.

Por ocasião da execução do Hino da Argentina, a estupidez se fez presente, sob forma de desrespeito, de deseducação, manifestada por marginais travestidos de torcedores – estes estão tomando conta dos estádios, certos da impunidade pela leniência na aplicação das já lenientes leis brasileiras – que, em atitude vergonhosa, vaiaram o Hino.

Como previsto, começa um conflito.

Aí entra a estupidez policial em forma de omissão, pela intervenção tardia e, o pior, em forma de truculência, na ação de agressividade desproporcional, dirigida especificamente a um grupo, pondo em risco a própria vida de pessoas agredidas com pauladas.

Estupidez, em forma de desequilíbrio, manifestada pelos jogadores brasileiros, sem comando equilibrado, que passaram o primeiro tempo distribuindo botinadas, socos e cotoveladas, esquecidos do futebol, que a muitos deles falta notoriamente.

Estupidez no sentido de burrice teimosa e arrogante, de um técnico que julga ter reinventado a roda e redescoberto a pólvora, escalando mal e impondo um esquema suicida.

Estupidez, no sentido de brutalidade, mais uma vez, por parte do lateral brasileiro expulso, e estupidez, no sentido de má intenção a acobertar erros, dos elementos da crônica especializada, que, condenando a expulsão mais do que justa, creditaram a ela mais um fiasco dessa seleção desestruturada e mal convocada.

Estupidez, no sentido de ignorância – esta foi dominante – que permeou o acontecimento como um todo, refletindo o caráter de república de bananas que estamos vivendo.

Irmãos argentinos: perdoem nossa estupidez, que, mesmo não sendo generalizada, foi prevalente.

O bom-senso está de luto; a estupidez festeja.

E, fora esse lamentável exemplo, como torcemos ao assistir a jogos? Sabemos distinguir adversários de inimigos? Infelizmente, a observação do comportamento de torcedores em todo o planeta mostra o crescimento de atitudes belicosas, muitas vezes com a marca inominável do racismo.

Educar é preciso.

Uma frase que vale um livro

Pois há frases que por si só valem um discurso, uma aula, quem sabe um livro. São capazes de se manterem oportunas e atualizadas "tempo a dentro" ou "campo a fora".

Exemplo típico encontramos na letra de *Vento Negro*, de autoria do Professor – com "P" maiúsculo – Fogaça, ex-prefeito de Porto Alegre e, também, ex-senador da República, de quem sou amigo e com quem trabalhei, dando aulas no Curso Pré-Vestibular IPV, nos anos 70. Há nessa música, em sua letra, um dito fundamental que por si só deixa de ser uma frase, transformando-se num alerta para a civilização. Ei-la: "Erguer bandeiras sem matar".

É todo um ideal humano, espiritual e, principalmente, civilizatório. Em que momento da história perdemos – se é que alguma vez a tivemos – a capacidade de erguer bandeiras sem matar? De divergir sem ofender, de debater falando e também ouvindo?

Dá para perceber que nos mais variados terrenos, desde o esportivo – o esporte deveria ser um lazer para os torcedores – até o político, passando por todos os temas de opinião, transformam-se divergências em guerra? Por que o torcedor de um clube não admite que o torcedor do outro "erga sua bandeira"? Por que um país não admite que o outro "erga sua bandeira", vale dizer, exercite seus ideais, seu direito de escolher a que bloco ou ideologia quer pertencer? Voltamos a priorizar a força bruta em detrimento dos argumentos lógicos?

Essa arrogância de não admitir oposição, que transforma quem pensa de modo distinto em inimigo, é o embrião da onipotência, que exercida, como no cenário internacional de hoje, nos faz questionar até que ponto a civilização é apenas um termo duvidoso quando aplicado à humanidade?

Sem dúvida, há um Putin de banheiro em cada intolerante dono da verdade.

O respeito à diversidade de opinião se faz ausente com lamentável frequência. Estaremos melhor, muito melhor, quando formos capazes de olhar a bandeira do antagonista e continuar torcendo pela nossa, sem agredi-lo.

Seremos mais felizes quando nos tornarmos capazes de "Erguer bandeiras sem matar".

Pois é exatamente essa tolerância, essa capacidade de ouvir o diverso do que pensamos, que nos encaminha para atitudes mais civilizadas em relação àqueles que pensam de modo distinto de nós.

Lamentavelmente, esperamos, inertes, até que a brutalidade se concretize chegando a limites extremos para então, desesperados, concluirmos pela quase impossibilidade de derrotá-la. Isso acontece porque, descuidados de sadias medidas preventivas, esperamos o crescimento e fortalecimento do mal para, só então, tentar combatê-lo, o que é árdua tarefa, que evitada seria se não o deixássemos crescer; se não o regássemos com a intolerância; se não o alimentássemos com os ódios e raivinhas do dia a dia; se não o energizássemos com o cultivo de sentimentos de soberba e onipotência.

Então, muitas vezes, quando falamos no amor, na compaixão, na interconectividade, nos sentimentos capazes de elevar espiritualmente o ser humano, há os que acreditam tratar-se de mera pieguice, pois só a força, entendem esses, consegue resultados objetivos. E exatamente por considerarmos piegas os sentimentos que iluminam e fortalecem nossa essência – o espírito – é que deixamos crescer as ervas daninhas da maldade, pensando-as fortes – o que não são, mas se tornam a partir de nossa crença em sua fortaleza –, o que as energiza. E energia não se cria nem se destrói.

O retorno ao domínio da força bruta vem do fato de acreditarmos em coisas sem nexo, do tipo: o mal é mais forte que o bem e, admitindo tal ignorância, passamos a não cultivar o bem, como quem deixa de plantar uma semente, ou de cuidar de uma muda, por entendê-la incapaz de prosperar.

A solução não está em combater o mal com um mal maior. A solução está em evitar que o mal se crie ou, pelo menos, que cresça. Não se elimina a escuridão tentando criar uma treva mais intensa. Elimina-se a escuridão com a luz.

Jesus nos chama para o cumprimento do dever, exemplificando, na Parábola do Semeador. Não cabe deixar de semear por entender que as sementes cairão nas urzes ou nas pedras calcinadas pela luz do sol. Há que ter esperança na terra boa e, por isso, há que semear. Há que divulgar os pensamentos de Gandhi, de Chico Xavier, de Francisco de Assis, Bezerra de Menezes, Kardec, paladinos do bem e do aproveitamento da inteligência para que as pessoas se acostumem às boas ideias. Há que praticar o amor como o criador da luz, pois esse e não a guerra elevam a humanidade.

Não há escuridão forte, nenhuma resiste à faísca provocada pelo riscar de um fósforo. Não há um mal mais poderoso, há apenas a distância do bem.

Daí nossa responsabilidade de não colocar a luz sob o velador, de espargir a mensagem renovadora do Evangelho, que cabe como filosofia de conduta, a crentes e descrentes.

Vamos criar a legião dos que acreditam no amor como força maior, porque os crentes do ódio se autodestroem e aniquilam os outros. Vamos sair dessa vergonha em que o poder destruidor e a megalomania psicótica de um homem podem colocar em risco toda a humanidade.

Que vergonha para nossa condição de espíritos em evolução! Lutamos bravamente contra um vírus que nos matava e agora nos matamos uns aos outros.

O que falta? Fé e razão, binômio incomparável da Doutrina dos Espíritos.

De que carecemos? De amor, daquele amor que constrói as galáxias e une os seres humanos.

O caminho? Jesus, que materializou no amor e no perdão a verdade como essência da vida.

Vamos aprender com a física e com a psicologia positiva que nos mostram que a expectativa do fato cria o fato. Vamos aprimorar o ser humano através do desenvolvimento da espiritualidade.

Não vamos pousar de pitonisas querendo adivinhar o futuro. Isso nos colocaria numa posição de plena passividade e aparente conforto, que o grande filósofo Immanuel Kant chamou de "menoridade mental". Vamos substituir a previsão pela construção; vamos fazer render os nossos talentos e, com a pressa de trabalhadores da última hora, nos engajarmos definitivamente na divulgação e prática da *boa-nova* e assim estaremos criando um futuro de boas notícias.

Chega do homem lobo do homem. Construamos o homem irmão do homem.

Nosso próximo tema mostrará os males de não se saber erguer bandeiras sem matar. Seu título é: estupidez.

Hipóteses e fatos

Em ciência, trabalhamos com hipóteses que, testadas, podem explicar, ou até prever fatos.

Há dois tipos de hipóteses:

As hipóteses de trabalho, que uma vez aplicadas levam a novas produções na área tecnológica, e as hipóteses de conversação, aquelas que, não contrariando nenhuma lei científica, embora válidas, não são exequíveis ao menos ao tempo de sua formulação.

É o caso, por exemplo, do teletransporte de um ser vivo.

Já obtido, no nível subatômico, é teoricamente ampliável a qualquer outro, mas, no momento, carente de tecnologia para sua realização.

Hipóteses são o primeiro e fundamental passo nas descobertas científicas.

Movido pela dúvida, essa ferramenta essencial do progresso, o cientista busca entender determinados fenômenos. Então formula hipóteses buscando sua explicação.

A experiência irá corroborar ou não a hipótese.

Mas além do terreno das hipóteses existem os fatos já comprovados à saciedade. Aí, hipóteses não têm mais lugar, a partir do momento em que aqueles são contrariados por estas. Contrariando fatos, como se estes comprovados não estivessem, com aquilo que chamam *teses* ou *hipóteses*, aparecem, ocasionalmente, os pretensos reinventores da pólvora, acreditando terem descoberto o que ninguém antes percebera, com o único e vazio argumento de que se trata da sua opinião.

Podemos exemplificar com a Teoria da Terra Plana, alertando que esses absurdos não ocorrem só no terreno da Física. O fato de a Terra ser aproximadamente esférica não é uma teoria. É um fato largamente comprovado, visível numa multiplicidade imensa de fotografias. Não cabe dúvida. Trata-se de realidade.

Aí, surge uma curiosidade. Por que pessoas supostamente esclarecidas negam fatos absolutamente comprovados?

Parece-me tratar-se de uma infeliz associação de burrice com onipotência.

Substituem o "penso logo existo", de Descartes, por algo como "penso, acredito, ou quero acreditar, logo é assim". Submetam-se os demais.

Por essa pretensão, não apenas de dono da verdade, mas, além disso, de seu criador, os crentes do absurdo, por não admitirem que podem errar, querem construir o mundo e os fatos sociais a partir de suas convicções, muito distantes de uma simples visão dos fatos que fazem questão de ignorar.

Não seria essa mania de grandeza, impedidora da análise do real, que levaria pessoas supostamente esclarecidas a negar o óbvio? A acreditar em desigualdades raciais? A acreditar que bandidos notórios, multicondenados, com culpabilidade provada à exaustão são inocentes, e, ainda, idolatrá-los? A acreditar que o homem jamais foi à Lua, para exemplificar noutro terreno?

É como não acreditar na esfericidade do planeta.

Não é só desconhecimento. É uma exibição pública de atestado de dono da verdade, com firma reconhecida no cartório de sua onipotência.

Eles acreditam, logo existe e o mundo real que se adeque às suas fantasias e busca de poder.

Certamente, esse não é o caminho da verdade e do progresso.

A objetividade das coisas:
um conceito a ser revisto?

Conhecemos as coisas através de suas propriedades.

Primeiro problema: nem todas as propriedades são perceptíveis, logo conhecemos as coisas através das propriedades que logramos observar, dentro de nossas possibilidades sensoriais e tecnológicas.

Então, conhecemos as coisas através de algumas de suas propriedades.

Um segundo problema é que várias possibilidades que podemos observar são subjetivas, desde as que envolvem conceitos de beleza, harmonia, arte, até os quesitos que se referem ao fato de um alimento fazer bem à saúde ou não.

Assim, o conhecimento de uma coisa se determina pelo exame de suas propriedades, dentro dos limites do que se pode observar e das subjetividades de detalhes.

E, uma vez que a coisa é determinada por suas propriedades (algo de que não se conheça qualquer propriedade é uma não coisa), surge interessante questão:

As propriedades da coisa observada são propriedades da coisa, ou a coisa é propriedade de suas propriedades?

Quem possui e quem é possuidor?

Não se pode fugir de reconhecer que se a coisa se determina por suas propriedades, e essas possuem determinado grau de subjetividade, além de algumas serem imperceptíveis, que a ideia de realidade das coisas perde sua objetividade, cedendo lugar a um subjetivismo relativo.

As coisas são dependentes de suas propriedades, o que as descaracteriza como possuidoras inquinando-as para o conceito de possuídas.

Falamos em coisas.

Em relação a pessoas, a dificuldade é infinitamente maior.

Por isso, é muito difícil julgar alguém e, infelizmente, é muito comum, principalmente entre ideologizados fanáticos, rotularem, pretenderem definir pessoas através de um conhecimento absolutamente parcial de suas propriedades – feitos, ditos e implícitos, envolvendo intenção.

Daí, o mais fácil é buscarmos o autoconhecimento e efetuarmos correções naquele que mais conhecemos, ou deveríamos conhecer: cada um de nós.

Na dúvida, concedamos um benefício às boas possibilidades do ser humano, que talvez não consigamos perceber.

Melhor errar pró-tolerância do que condenar por ódio.

Referimo-nos a Jesus, quando mandou não julgar.

Por óbvio, referia-se o Mestre a julgamentos vazios de elementos probatórios, a maledicências gratuitas características dos invejosos de plantão, a cujo grupo jamais alguém deveria pertencer.

De outra parte, impõe-se, através dos mecanismos estatais adequados, fazer justiça, que consiste exatamente em tratar desigualmente os desiguais, distinguindo o cidadão de bem do bandido e, por óbvio, dedicando-lhes tratamentos diferenciados.

Mas nós, individualmente, que prezamos o bem e torcemos pela evolução, em função da dificuldade já exposta de definir coisas, e muito mais pessoas, devemos praticar a tolerância, no que nos concerne às relações com nosso próximo, que sempre será muito parecido conosco.

Efeito colateral

A expressão designa um efeito não pretendido diretamente na prática de uma ação, mas que ocorre paralelamente a ela.

Exemplo: um motorista, numa curva, efetua uma ultrapassagem sem visibilidade. A ação pretendida é ultrapassar, mas pode ocorrer uma colisão frontal com um veículo trafegando em sentido contrário: efeito colateral.

A expressão é muito utilizada na área da medicina, em relação a medicamentos, quando estes produzem efeitos diferentes do efeito principal pretendido.

Devemos lembrar que efeito colateral não é necessariamente negativo, nem elide o principal.

Se tomamos, por exemplo, um medicamento para aliviar a dor de cabeça e ocorre uma crise de hipertensão, temos um efeito colateral negativo. Mas se tomarmos um remédio contra a cefaleia e ele potencializar nossa memória, teremos um efeito colateral, ou paraefeito, positivo.

Pois, sem querermos ser adivinhadores do futuro, o que só é factível no estudo de séries matemáticas com lei de formação definida, portanto, sem pretensões de pitonisas, oráculos, ou equivalentes, podemos afirmar: A vacina contra a Covid terá seguramente vários efeitos colaterais.

Citamos alguns: Poderemos abraçar nossos amigos novamente; todos poderão visitar seus pais e entes queridos sem medo de levar o mal da doença ou da morte em sua companhia; as festividades poderão voltar; as barracas de praia não serão povoadas pelo medo; o homem, esse animal social, poderá socializar novamente; as ilhas em que nos transformamos se unirão, formando continentes de fraternidade, e a humanidade comemorará mais uma vitória do conhecimento na luta pela sobrevivência, buscando sempre o melhor, cumprindo a Lei do Progresso.

No caso, os efeitos colaterais são mais significativos do que seria o chamado efeito principal, considerado só em si mesmo. Bem-vindos!

Falávamos, em tese, de uma vacina devidamente testada, ou pelo menos com grau aceitável de segurança, num momento crucial de terrível pandemia semeada entre nós.

Infelizmente, a vacinação se transformou, como quase tudo hoje, numa questão ideológica, o que foi e é, profundamente prejudicial ao rigoroso procedimento científico que deveria presidir a busca da cura.

Alguns se tornaram inimigos e outros fãs incondicionais de vacina. Digo de qualquer vacina.

Vale dizer que é arbitrário, perigoso mesmo, querer impor, característica dos ditadores de proveta, uma vacinação indiscriminada a recém-nascidos, cujo efeito colateral, agora sim, pode ser irreversivelmente danoso.

E agora, começo de 2024, vivemos no país uma seríssima epidemia de dengue e não há vacinas suficientes, embora estejam no poder e com o poder aqueles que mais acusavam pessoas e instituições pela falta de vacina contra a Covid-19.

Há uma diferença: a Covid pegou o mundo de surpresa; a dengue já existe há muito tempo. Mais do que suficiente para que pessoas de fato responsáveis pudessem providenciar a elaboração e distribuição de uma vacina eficaz.

É fácil atirar pedras; basta saber odiar o que é uma característica básica de frustrados. Difícil é juntá-las e organizá-las para a construção de abrigos.

Vamos escolher essa segunda opção para eventuais pedras da mente?

A profilaxia completa:
preservar-se

Em tempos de pandemia, ontem a Covid-19, hoje a dengue, é essencial que pensemos em preservar-nos.

Nesses tempos, como diante de dificuldades em qualquer setor, começamos a nutrir desejos de mudança, a sonhar com novos tempos, a fazer projeções para o futuro e, especialmente, buscamos evitar a doença.

Apendemos a ser mais cautelosos em relação aos inimigos invisíveis de nossa saúde. Como consequência, reforçamos os atos de higiene e tomamos as precauções físicas necessárias à nossa proteção contra o vírus do momento.

Adquirimos cautelas que devemos levar para o futuro e procuramos uma alimentação sadia para reforçar nossas defesas naturais. Tudo isso é ótimo.

Mas, como anda a profilaxia mental/espiritual?

Temos tomado cuidado para evitar a contaminação psicológica? Estamos alimentando o sistema cérebro-mente com boas leituras, práticas de empatia, cultivo de esperança, ou nos expondo perigosamente a noticiários catastrofistas, a notícias alarmantes e a comentários fulcrados na negatividade do ser humano?

A mente, assim como o corpo – e convém lembrar que é ela que está no comando –, também precisa de bons *nutrientes*.

Um cérebro habituado à ideia muito vendida da negatividade, de que o mal é sempre vencedor, etc., poderá ignorar os fatos positivos, num verdadeiro processo de jogá-los para uma pasta *spam*.

A positividade é vacina eficaz contra males físicos e psicológicos e pode ter validade para uma vida inteira.

Essa não depende de laboratórios, nem corre o risco de ser prejudicada por decisões açodadas ou mentiras convenientes.

Assim sendo, busquemos também a profilaxia mental, com a prática dos sentimentos da espiritualidade, como a compaixão, a gratidão, a empatia, entre tantos outros, para termos a garantia de uma saúde plena, cuja obtenção passa pelo cuidado de evitar os vírus, as bactérias e outros inimigos físicos, mas sem olvidar os psicológicos.

Alimentemos bem o corpo e o espírito e protejamo-los dos inimigos mais densos e mais sutis.

Lembremos que há epidemias virais e surtos psicológicos.

Não podemos nos conformar simplesmente dizendo que a depressão é a doença da moda. Há como combatê-la, e isso não depende só de medicação adequada.

Como em qualquer situação relativa à saúde, a prevenção é a medida mais segura.

Ocupemos o espírito com coisas sadias. Evitemos o ambiente contagioso da inveja, da ostensão do orgulho, das intrigas que destroem reputações e procuremos para nosso espírito o oásis do amor, do desenvolvimento de nossas potencialidades, de adequada utilização de nossa inteligência.

Os *vírus mentais* detestam essa paisagem. Não irão nos procurar nesses domínios.

Preservemo-nos.

It's a whole new world

Um novo idioma para um novo mundo; 2020, um ano que jamais esqueceremos.

Um ano em que nos colocaram dentro das nossas casas e tudo ficou invertido. Conceitos considerados absolutos alteraram-se por completo, numa mudança de paradigma sem precedente.

Convém lembrar que nas grandes mudanças só sobrevivem aqueles que têm capacidade de adaptação; aqueles que se conscientizam do novo mundo e se adequam a ele.

As mudanças eram visíveis e altamente desafiadoras:

Demonstrar amor era não abraçar a quem se ama. Era evitar encontros com os amigos. O padrão era ver a cidade fantasma, as ruas desertas, os bares vazios e entender que assim era o certo. O novo certo.

Era entrar numa sala, praticamente entrar num computador e passar o dia aprendendo e, paradoxalmente, estar fisicamente só, mas, ao mesmo tempo, em contato com o mundo inteiro.

Estranha solidão em que no mesmo momento estamos sós e em companhia do mundo, compreendendo que, mais do que nunca, estamos todos interligados. (É a mais importante lei da ciência contemporânea, chamada Lei da Interconectividade, ensinando que, numa medida maior ou menor, todos estamos interconectados.)

Verificamos que o que acontece lá, breve estará acontecendo aqui (em termos de humanidade, o lá e o aqui estão juntos).

Por isso, mais do que indivíduos locais, somos cidadãos do mundo, interconectados e vivendo, literalmente, numa aldeia global, num novo mundo. Chegamos a entender isso?

Não conseguiremos êxito, bons resultados, num novo mundo, fazendo as mesmas coisas que funcionavam no velho, ou, o que é pior, nem nele.

Os eventos são fatos e todos eles nos trazem lições. Será que as aprendemos, ou, passado o susto, retornamos às nossas práticas superadas? Superado o medo voltamos a praticar os mesmos desatinos?

Estamos em 2024 e vivemos a imbecilidade, a desumanidade de duas guerras. Continuamos a alimentar uma noosfera – termo utilizado por

Teilhard de Chardin para descrever a energia pensada que nos envolve – de negatividades, ódios e ressentimentos?

Parece que esquecemos algumas coisas elementares, como, por exemplo, que o destino do planeta é construção nossa e aqueles propósitos de mudança pensados na hora do medo são esquecidos quando passa a ameaça.

Não existe mágica nem transformação milagrosa. Construímos o mundo a partir de nossos pensamentos que norteiam nossas ações.

O amanhã está em construção agora. Quanto ao ontem, nada podemos fazer, a não ser recolher dele lições a serem aplicadas.

Relativização tem limite

Vivemos, há poucos dias, falávamos em 2024, o que se pode classificar como a mais hedionda barbárie do mundo pós-guerra.

E, em relação a esses fatos de brutalidade e crueldade sem par, é estranho ver a posição de pessoas que se dizem espiritualizadas.

Têm sido frequentes as declarações vagas, acanhadas, dos que simplesmente afirmam que são contra a violência, com o que concordo plenamente, mas não basta.

Quando um grupo pratica atrocidades inimagináveis, não se pode deixar de condená-lo, com a maior intensidade possível. A posição neutra, nas horas de crise, identifica uma covardia lamentável, por vezes interesseira.

Lembro aos espiritualistas menos avisados, que acreditam que se deva deixar tudo nas mãos de Deus, que essa omissão na tarefa de orientar, representa uma acomodação incompatível com a divulgação dos ideais superiores.

Lembremos o dito de Jesus: "Assim, porque és morno, não és nem frio nem quente, vomitar-te-ei da minha boca".

Exatamente por isso, dito pelo Mestre do Amor, não podemos calar diante do mal e precisamos a coragem de classificá-lo como é, sem meias-palavras ou posições indefinidas.

O grupo Hamas é um grupo terrorista e como tal deve ser tratado pelas nações civilizadas. Lembremos Ruy Barbosa dizendo que a justiça consiste em tratar desigualmente os desiguais.

Os atos do Hamas, de um banditismo absoluto, não podem ser confundidos com qualquer ideal de um povo civilizado.

O Hamas não defende os palestinos, como as FARCs não representam os ideais do povo da Colômbia. Ao contrário de defender, o Hamas escraviza, submete o povo palestino e sempre que possível usa suas crianças e adultos de qualquer idade como escudos humanos.

Trata-se, não de uma questão política, mas simplesmente de humanidade. Apoiá-los, dizendo até que esse grupo possui ideais nobres, é ser um ente desprezível, desumano, incentivando a crueldade absoluta.

O ideal desse grupo terrorista é aniquilar Israel e eliminar qualquer influência ocidental na região. Um grupo que tem como lema exterminar um povo; que assassina crianças e filma esse horror para mostrá-lo aos pais das vítimas inocentes; enfim, um grupo que faz tudo aquilo que sabemos que fez merece o repúdio de qualquer um que tenha um mínimo de empatia pela humanidade e pela civilização.

Falando simplesmente no ataque realizado contra civis em uma festa, e todas as barbáries que o acompanharam, e é desse fato que estamos tratando, devemos entender que procurar qualquer tipo de atenuante, ou relativização, situação daqueles que não entendem, ou fingem não entender, o caráter terrorista do grupo, é aliar-se a eles, sem a coragem de fazê-lo de modo expresso, num execrável binômio composto de maldade e covardia.

Podemos afirmar, com convicção: O Hamas é um grupo extremista, inequivocamente terrorista, e condená-lo significa exatamente ter senso de humanidade e ser contrário à violência. O resto é conversa de seus amigos ocultos.

A importância da fé ou a fé que nos constrói

Quando num dos episódios da série *Guerra nas Estrelas*, o herói Luke Skywalker vê o Mestre Yoda retirar de dentro do pântano o caça X-Wing usando apenas a mente, exclamou: "Não acredito". De pronto, ouviu Yoda dizer: "É por isso que você fracassa".

Da obra "quem somos nós", tratando das possibilidades de nossas realizações, utilizando o potencial criador de nossa mente, fornecemos algumas dicas que consistem num verdadeiro **manual dos antimagos**, quer dizer, maneiras de não conseguir realizar aquelas coisas consideradas impossíveis para os que não têm fé.

Entre muitas atitudes que nos levam a não desenvolver nossas possibilidades estão, por exemplo:

– *Convença as pessoas de que elas não são mágicos*. Isso quer dizer, semeie a ideia do impossível, do inatingível, da destinação para o insucesso e para o fracasso, em relação à qual nada podemos fazer.

– *Ensine as glórias de ser a vítima*. Ou seja, cultive o vitimismo, o "nada dá certo porque sou azarado". Comigo as coisas positivas não funcionam. O sucesso dos outros é fruto do acaso ou de um destino preestabelecido, contra o qual não temos possibilidade de reagir, e assim é meu fracasso. Lembre-se que num Universo de possibilidades, nós criamos nosso destino. Não esqueça o livre-arbítrio, confirmado pela ciência contemporânea.

– *Contente*-se com *pouco*. Pense pequeno, sonhe menor ainda. Cultive o ranço das religiões tradicionais que em tudo viam o pecado e ensinavam o sofrer pelo sofrer. Você estará cultuando a mediocridade, a falta de esperança, a preguiça e outros fatores engendradores da derrota. E você será o grande responsável por ela.

– *Torne os novos conhecimentos assustadores e inacessíveis*. Isso tornará você e os outros, amedrontados com o novo, autobloqueados em sua capacidade de realizar novas descobertas e vislumbrar novos horizontes. Sempre houve quem dissesse que física é "algo para doidos"; na mesma linha de raciocínio que afirma ser a busca dos valores espirituais enlouquece as pessoas. Isso é tentar convencê-las de que são irremediavelmente limitadas e proibidas de progredir. Lembremos Fred Alan Wolf, PhD em Física: "O fascinante é viver no mistério".

Tudo isso comprova, por oposição, que a fé é o elemento de realização de nossos sonhos. Podemos dizer que *a fé é o motor da criação*. A descrença nos torna desacreditados perante nós mesmos.

Pela fé criamos nossa realidade e, por isso, devemos, ao invés de nos considerarmos vítimas passivas, aceitar a responsabilidade por nossa vida.

Uma das criadoras do filme *Quem Somos Nós?*, Betsy Chase, afirmou ter mudado sua vida a partir dos estudos das infinitas possibilidades esclarecidas pela Física Quântica, dizendo: "Aceitar que eu crio a minha realidade não foi fácil, nem foi divertido. Eu olhava em torno, para o massacre e o caos que tinha criado e pensava: Droga! Isso está uma bagunça! Mas, espera aí! Se eu posso criar isso, então posso criar uma coisa diferente."

Ao contrário dessa atitude, muitos cultivam a glória de serem vítimas. Assim, nunca precisam ter culpa. As pessoas têm pena deles e os ajudam. Gostam de se chamarem e serem chamados excluídos. Culpam os pais, os colegas, a sociedade, o trabalho, etc. Entretanto, essa acomodação produz esse sentimento de impotência para assumir as rédeas da vida, o que nos compete fazer, pois, sob o ponto de vista quântico e, também, espiritual, numa medida nada desprezível; cada pessoa está vivendo a vida que escolheu, a vida que acreditou poder viver. Atribuir tudo a fatores externos pode ser muito cômodo e representa o que o filósofo Kant denominou de *menoridade*.

O conhecimento dessa verdade, a possibilidade de construirmos nosso existir a partir de nossa consciência, fortalece nossa fé e passamos a colocar mais energia criadora em nossos pensamentos e atitudes. Por isso é que a verdade liberta. Realmente, o mundo se divide entre os que conhecem e os que não conhecem.

Por outro lado, colocar no Estado, na sociedade a culpa de seu insucesso e acreditar que só a mudança no regime possibilitará mudanças é acreditar no perigoso *canto da sereia* daqueles que propõem, sem dizê-lo, um Estado totalitário, sem liberdade e progresso individual, Estado esse que sabendo o que é melhor para seus *filhos*, eliminará todos os de diferente pensar e trará progresso só par seu fechado grupo dirigente.

É perigoso acreditar nessa mentira e abrir mão de nosso esforço para nosso sucesso.

"Procurai a verdade e ela vos libertará." (Jesus)

Claro está que nossas possibilidades sofrem limitações que, pouco a pouco, vamos reduzindo, com fé e exercício.

Os atletas se constroem treinando e depois disputando competições. Eles descobrem quais são as próprias limitações. Descobrem em que são bons. O treinador os ajuda e é possível que eles cheguem a ganhar medalhas olímpicas.

Por que seria diferente quando se trata da mente? Nós também não deveríamos estar treinando a mente? Não deveríamos estar dando informações a ela?

Isso a tornará mais forte, ampliará nossa capacidade de progredir e resolver problemas a partir de um novo nível de entendimento.

Não é só o corpo que precisa de bons nutrientes.

A cultura do fracasso

Cada vez mais, nos tornamos cientes da existência e ponderável assimilação pelo ser humano de uma negativa cultura do fracasso.

Essa cultura nos faz acreditar que as possibilidades negativas são sempre mais prováveis e, com previsões catastrofistas, reforça nossa fé no pior, ressaltando sempre o lado sombrio do ser humano. Cria-se uma crença exacerbada nos efeitos negativos.

Devemos entender que o medo das consequências, ao atingir níveis tendentes ao pânico, é, via de regra, pior do que as consequências temidas, até mesmo porque aquelas nem sempre acontecem.

Sabemos, sob o ponto de vista da biologia, que um ser vivo criado em ambiente absolutamente asséptico, dizemos "redoma de vidro", não desenvolverá sua capacidade imunológica, ficando indefeso contra qualquer tipo de vírus.

Assim, certo grau de exposição é necessário para que se ativem as defesas naturais.

Mas existem também seres inteligentes criados numa redoma mental. Esses não suportam qualquer adversidade e maximizarão sempre os efeitos negativos possíveis, de qualquer evento.

Formam a geração mi-mi-mi, que não pode suportar qualquer repreensão. E o pior é que encontram apoio nos exageros do politicamente correto, uma forma sutil de impor uma dominação pelo obrigar a dizer.

Cresce, a partir daí, uma incapacidade de resiliência, e nos tornamos devotos do *culto da impotência*.

Vale a frase do filósofo americano William James: "A maior descoberta de minha geração é que o ser humano pode alterar a sua vida mudando sua atitude mental".

Precisamos agir sabendo que o que fazemos faz diferença.

Atração do obscuro

Não é, infelizmente, um fenômeno exclusivamente local. Se o fosse, mais fácil seria mover-lhe eficaz combate. É mundial.

Por motivos variados, há quem fale em transição do planeta, ideia dominante entre espiritualistas de um modo geral, há quem culpe a falta e/ou deficiência de um sistema de ensino, que mais coopta do que incentiva a pensar; enfim, há diversas hipóteses, que provavelmente se somem na tentativa de explicar o fenômeno em pauta.

A verdade é que o obscurantismo intelectual se tornou um atrator estranho, a carregar em suas vagas o desprezo pelo mérito, pela cultura, pelo conhecimento.

Não se respeita a ciência, nem se reconhece o valor da pesquisa em todos os âmbitos da atividade humana.

Não falamos somente de teorias conspiratórias cujo conteúdo oscila entre o grotesco e o ridículo, em alertas prenhes de contradições escancaradas.

Não é apenas um retorno à revolta da vacina, famoso movimento ocorrido no Rio de Janeiro em 1904, de pessoas que se opunham à vacinação contra a varíola. Nem a aceitação imposta de vacinas não testadas, em bebês principalmente.

Ridículo e obscuro que até mesmo um problema científico como a vacinação tenha atingido contornos de um maniqueísmo de ideologias radicais.

É o negativismo do conhecimento científico dos terraplanistas, é o incentivo a não estudar, feito inclusive por autoridades que se jactam de não ter estudado, não gostar de ler e, mesmo assim, ter alcançado o que eles chamam de sucesso.

O homem não foi à Lua, o conhecimento científico é inconfiável, a Filosofia só serve para embasar conversas inúteis e sem qualquer aplicação prática. São dizeres frequentes que exemplificam o pragmatismo da ignorância, semeado por projetos nocivos de dominação, cujos líderes entendem que é mais fácil dominar ignorantes desesperados.

Planta-se a desconfiança entre os seres humanos, divulga-se e vivencia-se mais o "homem lobo do homem", de Hobbes, do que o "homem irmão do homem", de Jesus.

Há um fascínio pelo obscuro, talvez porque desconhecer é mais fácil, por ser ponto de partida, do que conhecer, que é meta sempre em mutação.

É possível um combate eficaz a toda essa apologia da ignorância, a essa sensação falsa de conforto das trevas?

A Física, também desprezada pelos negativistas, que, obviamente, não a conhecem, nos diz algo muito importante:

A sombra não tem existência própria; não é energia; é apenas o resultado da obstaculização ou ausência de luz. Esta, sim, é energia, logo é real, existe em si mesma.

Também não existe frio. Frio não é energia, é apenas ausência do calor, e, este, sim, é energia.

Assim o mal – e a predicação e louvor da ignorância é um exemplo – é resultado da ausência ou do bloqueio do bem.

Então, não se combate o escuro com mais escuridão, mas com o empenho em fazer chegar a luz.

Difundir conhecimento, desfazer a confusão entre opinião pessoal e saber, incentivar o crescimento da cultura – que desagrada os ditadores –, premiar o esforço, o mérito, ao lado do desenvolvimento das aptidões espirituais, tais como empatia, fraternidade e bondade, trarão a luz que por si só eliminará as trevas.

"Buscai a verdade e ela vos libertará." (Jesus)

A verdade é o saber, o conhecimento científico, e não o palpite atabalhoado; é o reconhecimento do mérito, o respeito a quem dedica sua vida à busca do saber, de que toda a humanidade aproveita.

Acendamos a luz, amemos o saber e, assim, não nos deixaremos seduzir pelo obscuro, nem mesmo sob o pretexto de que a luz física fere os olhos, nem com a desculpa de que estudar é inútil, porque quem assim pensa quer nivelar os outros no plano de sua mediocridade.

Em todos os terrenos, procuremos sempre trazer a luz do bem, que, por si só, eliminará a escuridão do mal.

Poesia e poesia?
Spotify e *show* de Madonna

"A porta do barraco era sem trinco, mas a lua, furando nosso zinco, salpicava de estrelas nosso chão. Tu pisavas nos astros, distraída..."

Trecho da letra de *Chão de Estrelas*.

Isso é poesia. É trazer o céu, em seu esplendor, para o chão e imaginar que alguém, distraidamente, estivesse a pisar em estrelas que seriam não mais do que pontos de luz. Uma imaginação de brilho e de beleza, a encantar quem ouve, ao criar uma paisagem em que estrelas iluminam o chão. O céu se transporta até o barraco e as estrelas vêm servir de apoio aos pés da bem-amada. Respeitada, como toda a pessoa amada merece. Engrandecida.

Vivemos e medimos através de comparações. Medir é comparar uma grandeza com outra, da mesma natureza, tomada por unidade.

Então o que dizer da letra, por exemplo, de *Baile da Favela*, sucesso entre os admiradores do chulo?

Falo apenas na letra do *funk*, que por respeito aos amigos não reproduzo aqui. Absoluto desrespeito à mulher, passando estranhamente *in albis* entre as feministas mais furiosas, tratada em nível inferior ao da coisificação. Incentivo ao crime e uma lista impublicável de palavrões.

Poesia?

Em muitos casos temos que parar de relativizar.

Em *Chão de Estrelas* há poesia, há sutileza, há respeito, há amor.

Em *Baile da Favela*, uma pornografia de péssimo gosto. Um incentivo ao estupro, entre outras aberrações. Ou o estupro deixou de ser crime e passou a ser poético? Devemos esperar a revolta das feministas de plantão contra esse aviltamento da imagem e da função da mulher?

Em *Chão de Estrelas* – citei poque medir é comparar – há poesia. A letra do *Baile* não é mais do que um dejeto em forma de versos chulos e pobres.

Estamos muito lenientes em relação a valores e não faltam intelectualoides prestando um grande desserviço ao exaltar o que degrada. Querendo interpretar o expresso através de implícitos inexistentes.

Vamos dar nome aos bois, ou aos versos?

E por falar em exaltar o que degrada, o que dizer da vitória, até mesmo suspeita de manipulação, da dita cantora Anitta no Spotify?

Devo dizer que admiro essa jovem, por seu enorme tino comercial, por sua tenacidade, espírito de luta e sua esperteza de conseguir se vender como cantora sem, possivelmente, alcançar uma escala, uma oitava, talvez imaginando e fazendo crer que é possível cantar com os glúteos, no caso uma mistura de proporções desconhecidas de tecido humano e silicone. Seu foco para atingir o sucesso é louvável; os meios, lamentáveis. A apresentação – que, creio, será consagrada por sua tietagem quando chegar ao sexo explícito, para o que falta pouco – é simplesmente degradante, pela letra e pela indecência da cena.

É isso que a mulher brasileira quer ser? É esse o grande modelo que nos é vendido?

Esfregar as nádegas na genitália do parceiro de dança e prometer orgasmo em cinco minutos é dignificar a mulher? Será que as mulheres brasileiras se orgulham disso, ou haveria modelos mais inteligentes e lúcidos como Lygia Fagundes Telles, Clarice Lispector, Fernanda Montenegro, Ana Botafogo, Ingrid Silva e outras tantas que por seu talento e por dignificarem a cultura e as artes do Brasil merecem ser premiadas, louvadas e imitadas?

Chega de relativizar com a bandalheira. Pornografia deve ser chamada pelo nome próprio, por isso e para tal existem os dicionários.

É entristecedor que parte da grande imprensa, através dos chamados formadores de opinião, exalte o feito como glorificador da mulher.

Uma vitória colocada sob suspeita de manipulação, através de uma dita *canção* com letra chula, para dizer menos, e *mis-en-scène* pornográfica, para ser exato, é algo a lamentar, não a festejar.

A riqueza de nosso idioma permite chamar as coisas pelo verdadeiro nome e distinguir eufemismo de mentira. Devemos fazê-lo.

Muito estranha a adesão de líderes do movimento feminista a esse tipo de letra, predominante nisso que por convenção se chama gênero musical, que trata as mulheres como cachorras e exalta o estupro, entre outras coisas inqualificáveis.

Aí não ofende? Ou a ofensa é relativizada pela fonte, transformando-se em arma política a ser usada segundo a vontade ou não de destruir o suposto ofensor?

Dá pra pensar e concluir, entre outras coisas, que o fiscal da moral alheia é sempre deplorável.

E há mais, nesse triste, nebuloso e manipulador território:

Ano 2024, mês de abril e *show* internacional de Madonna e suas discípulas tupiniquins na praia de Copacabana, Rio de Janeiro. Espetáculo amado pela tietagem e por aqueles que não tiveram tempo ou capacidade para analisá-lo.

Começamos pelo *playback*. Quer dizer: quem pagou para ouvir Madonna cantar, ouviu uma gravação e apenas viu seu ídolo se mover no palco, sem emitir qualquer som. Um verdadeiro estelionato artístico, na minha concepção. Uma cantora que não cantou, só performou. Isso foi avisado?

Além disso, o mais grave:

As movimentações cênicas se constituíram num bacanal ao vivo, ultrapassando largamente a fronteira entre o sensual e o pornográfico, montando tendas no terreno deste, cuja fronteira com aquele foi largamente ultrapassada. Uma suruba ao ar livre, exibida para crianças e adolescentes, sem censura. Não há limitação de idade para filmes?

Lamentável a subserviência intelectual dos que consideraram esse espetáculo degradante como exibição artística. Aos que argumentarem tolamente, dizendo que tudo é natural, apontamos o duplo erro nessa defesa do indefensável:

1. Nem tudo o que é natural se faz em público.
2. Mesmo orgias sexuais coletivas não são permitidas em público.

Há uma lei, desprezada como tantas outras em nosso país sem lei, que tipifica o atentado ao pudor.

Será que existe uma vontade de fazer com que nossas crianças e jovens entendam que é assim que devem proceder?

Fará tudo isso parte de projeto ideológico internacional de aniquilamento da moral e destruição das famílias?

Vamos acordar enquanto é tempo. Sexo é atividade necessária e é sublime quando presidido pelo amor.

Sexo grupal, como sugerido no espetáculo em epígrafe, é degeneração, animalização do ser humano.

Temos escolha.

Arte ou não arte?

Pois, seguindo critérios majoritários de uma boa didática, deveríamos começar por definir arte, lembrando Lao Tzu ao dizer que "se quisermos chegar a bom termo numa discussão precisamos partir da exata dimensão e significado de cada vocábulo empregado".

Entretanto, não vamos enfrentar essa tarefa, uma vez que definir, etimologicamente significa limitar e, em se tratando da arte, uma das mais grandiosas manifestações da sensibilidade e das emoções humanas, limitar seria deslustrar.

Podemos, todavia, elencar valores ou características que, com certa margem de segurança, por sua presença, poderiam identificar a presença inequívoca da arte.

Diria, em primeiro lugar, que a criação artística, no dizer do psiquiatra e escritor norte-americano Rawls, "resulta da interfecundação decorrente de um encontro entre o mundo interior do artista e o mundo exterior". Quanto mais rico aquele, mais engrandecido será este, através da obra.

Por isso, as árvores de um Monet ou as estrelas de um Van Gogh não são as que se fotografam e, sim, a visão de um mundo exterior filtrada pela ótica da sensibilidade do pintor. Aí, a criatividade.

Mas, podemos também entender que há um outro fator, mor das vezes imbricado com a criatividade, embora não necessariamente, que é a técnica utilizada, as nuances decorrentes da escolha de cores, telas e pincéis, elementos materiais escolhidos para melhor representar vislumbres emocionais.

Assim, há quadros e esculturas que representam com absoluta identidade uma paisagem ou uma pessoa, como, no último caso, o *Moisés* de Miguel Ângelo, de uma perfeição formal a evocar, no pensamento do autor, a própria vida, que, no entanto, não se manifestou, contrariando a vontade, o espírito de Prometeu vivente no escultor.

Daí, de um modo singelo e despretensioso, podemos concluir que a arte, para ser assim considerada, precisa apresentar pelo menos um dos dois aspectos supramencionados: criatividade e técnica, estando muitas vezes aquela implicada nesta.

Por isso, retratar algo ou alguém, quase uma fotografia pintada, também é manifestação artística. O pintor terá escolhido cores e desenhado detalhes.

Mas, há uma terceira e importante consideração propiciadora de grandes debates sobre o tema: a mensagem.

Seria esse fator, em existindo, uma condição necessária à caracterização de uma obra de arte? E, caso pensemos que sim, a desqualificação ou degradação do conteúdo do aludido fator elidiria a classificação da obra como arte?

Não há dúvida de que estamos diante de situação difícil de enfrentar, semelhante ao caso da "encosta escorregadia" no Direito Penal, quando se argumenta sobre a eutanásia.

Haverá quem diga que o julgamento da qualidade da mensagem será sempre subjetivo, ideia com a qual não concordamos, pois um artigo instigando a prática da pedofilia ou um suicídio coletivo, por mais bem escrito que fosse (técnica perfeita), seria, certamente, considerado mensagem negativa.

Existem mensagens positivas e negativas. A questão é: a negatividade, a virulência da mensagem poderia determinar a inclusão no território da não arte de obra que artística se pretenda?

No *Moisés*, como em outras esculturas de Miguel Ângelo, não há mensagem; há a perfeição formal e ninguém ousaria dizer que não é uma soberba obra de arte.

Já, no cubismo, encontramos, nas representações geométricas rígidas da cabeça humana, uma mensagem de alerta contra a ausência de sentimentos e a robotização do homem.

A *Guernica* é um grito veemente contra os horrores da guerra.

Mas, repetimos, pode haver obra de arte sem mensagem explícita.

O questionamento em pauta refere-se a casos em que há uma mensagem, expressa ou subjacente, e a dúvida é: sendo essa negativa, desqualificaria a obra?

Vamos a argumentos:

É consagrada a expressão *nu artístico* – um nu que é uma obra de arte. Daí, por simples inferência, induz-se que em havendo um nu artístico, assim classificado e nomeado, deve haver um nu não artístico, como seria o caso de retratar alguém efetuando suas necessidades fisiológicas. A técnica pode ser perfeita – requisito necessário, mas não suficiente para a existência de uma obra de arte –, mas a mensagem é, no mínimo, de péssimo gosto, o que, para os que se filiam à ideia da excludência da arte pela mensagem negativa, levaria a classificar a obra como não arte.

Respeita-se a opinião, embora dela discordando, dos que entendem que mesmo no caso supracitado, a técnica usada para pintar o quadro é suficiente para considerá-lo obra de arte, independente do conteúdo ou bom gosto da mensagem.

Podemos ampliar: Existem escritos ou quadros sensuais e os existem pornográficos.

A diferença não se encontra na perfeição gramatical do texto, no caso da escrita, nem na eventual maestria pictórica, que podem ser excelentes nos dois casos. Onde reside? Na mensagem.

Acreditamos, então, que a mensagem, quando existe, deve ser ao menos relativizada em seu conteúdo, podendo, em certos casos, estabelecer o campo de pertinência da obra: à arte, ou à não arte.

Precisamos, para entender algo como arte, que esse nos apresente criatividade e/ou técnica e acreditamos poder aduzir, em casos explícitos de mensagem negativa, que a presença desta descaracteriza a qualidade artística da obra.

Afinal, o terreno de maior realização do ser humano no campo das emoções, o território da arte, merece ser protegido da presença de intrusos desqualificados. Aqueles que querem comparecer ao banquet, sem a túnica branca exigida pelo Soberano.

O modismo das palavras

De tempos em tempos, principalmente com a Internet permitindo que todos tenham seu jornal particular, de que são proprietários, chefes de redação e tudo o mais, sendo sua vida e opiniões as mais importantes, senão únicas notícias de interesse, certas palavras se tornam de uso obrigatório, em qualquer narrativa – narrativa é uma delas – e seu uso nem sempre é adequado.

Sem a devida autorização lexical, muitos há que, na intenção de receberem "certificação de conhecimento" por parte de seus leitores e ouvintes, passam a apostar na credibilidade das palavras, quais nominalistas gregos, usando-as como argumento, na impossibilidade de apresentarem argumentação válida.

Isso aconteceu, para exemplificar, no século passado, com o advento da cibernética e a terminologia que lhe era necessária. Assim, havia colegas professores que não diziam mais que iriam aplicar uma prova. Preferiam dizer que iriam aplicar um *feedback*. O erro é primário e resulta do desconhecimento da palavra utilizada, que significa – bastante empregada em robótica – retroalimentação e, assim sendo, não se aplica, se recebe.

Hoje, com a Física Quântica, que conhecedores de prefácio, se tanto, pretendem divulgar através de *cursos*, onde ensinam um *método quântico* até para encontrar a pessoa amada, o desvirtuamento por ignorância ou má intenção – talvez uma infeliz associação de ambas – leva os desavisados a comprarem uma ideia que equipara a ciência às promessas mágicas de *encantamentos* do tipo: Trago seu amor de volta em 7 dias.

Assim, termos como salto quântico expressões do tipo: tudo é quântico, ou ainda: acredito na Física Quântica, invadiram a Internet e, muitas vezes, exploram a credulidade de possíveis clientes.

Mas, quero falar, de modo especial, de outro modismo vocabular, extremamente utilizado na guerra político-ideológica-extremista, em que, infelizmente, se transformou o combate à pandemia no Brasil, fato que o vírus agradece.

Passada a pandemia surge um surto epidêmico de dengue, vem também a ideia de vacinar obrigatoriamente recém-nascidos, com vacinas sem a testagem adequada e os cientistas de fato, pois de formação, não são consultados. São substituídos pelo que alguns repórteres chamam especialistas, figura indeterminada usada muitas vezes para justificar uma não embasada opinião pessoal. Às vezes os citados como tais e jamais nomeados especialistas não existem.

A cada embate – e os embates são contínuos e repetitivos, acompanhados, via de regra, por noticiários catastrofistas – os defensores de qualquer atitude dizem estar ao lado da *ciência*.

Governadores, para a tomada ou permissão de certas medidas, afirmam exigir *dados científicos*.

Infelizmente, o acompanhamento de suas falas mostra insapiência plena a respeito do que seja ciência e de sua metodologia. Usam a palavra como se ela, por si só, representasse um argumento sólido.

Um dos ápices, demonstrativo à saciedade do criticado desconhecimento, pude observar numa entrevista a uma grande rede de televisão em que um médico, professor universitário, em relação a determinadas medidas de um governante afirmou: "Eles estão usando só matemática e matemática não é ciência".

Chega?

As "chamadas provas científicas" são exigidas por quem não as conhece e o conhecimento científico é reivindicado, ao mesmo tempo, por grupos a favor e por grupos contrários à mesma ideia.

E dizer que Aristóteles, criador da Lógica, há milênios, ao enunciar o Princípio do Terceiro Excluído, estabeleceu:

– Não é possível "A" e "Não A" ao mesmo tempo e no mesmo lugar.

Parece que há muita gente se dizendo apaixonados pela ciência, num legítimo caso de amor mal correspondido. Seria o caso de recorrerem a algum especialista do tipo: trago seu amor de volta, ou faço a pessoa amada se apaixonar por você, no caso de esta ser a ciência?

Mais adequado, garantido, seria **estudar**, mas isso requer esforço, dedicação, foco, coisas que, para muitos, são altamente alergênicas.

Espero que valha o alerta.

"Nem todos os que dizem Senhor, Senhor, entrarão na casa de meu Pai."

Nem todos os que evocam a ciência estão, ou estarão, na casa dos que a conhecem, havendo os que alegam ter com o conhecimento científico uma intimidade inexistente.

O cientista e o avestruz

O título pode parecer estranho, mas a recusa da aceitação de novos paradigmas, ou a fuga do exame mais aprofundado de determinadas questões, sempre embasou a conduta dos que pretendem se apropriar da verdade.

Jacques Bergier, no livro *O Despertar dos Mágicos*, que lançou na Europa as bases do chamado realismo fantástico, já advertia que, em ciência, surgem hipóteses cômodas, que corroboradas vão ao encontro dos paradigmas, das leis vigentes, e o que ele chamou hipóteses incômodas: aquelas que derrogando algumas leis obrigam mudanças de modelos e interpretações.

Segundo Bergier, estas últimas, salvo insistência demasiada e exaustiva, são varridas para baixo do tapete. Sacodem universos de conforto e podem transformar os pretensos donos do conhecimento em proprietários de ilusões.

Foram os cientistas avessos a mudanças, na época chamados Filósofos do Natural, que denunciaram Galileu à *Santa Inquisição*, pela herética postulação de que a Terra giraria em torno do Sol. Fatos como esse, levaram John Hagelin, físico que durante muito tempo dirigiu o Centro Europeu de Pesquisas Nucleares, a declarar: Não se pode esperar que todo cientista pense cientificamente.

Pois a Física Quântica, ao demonstrar que o átomo não é uma realidade até ser observado e descobrir outras tantas *esquisitices*, passou e passa por enfoques semelhantes.

Vamos apenas citar algumas das contraintuitivas descobertas dessa nova ciência:

Um átomo, antes de ser observado – o observador não precisa ser um ente humano pode ser uma tela fluorescente que será marcada pelo impacto de um fóton, um contador Geiger Müller, um polarizador –, não é o que costumamos chamar uma realidade física. Não tem materialidade, e antes da observação pode estar em mais de um lugar ao mesmo tempo. Isso se chama estranheza quântica.

Não há existência objetiva de fenômenos até que estes sejam observados.

Fótons podem influenciar um ao outro sem que qualquer força ou efeito de campo atue entre eles. Uma alteração numa partícula gêmea faz sua correspondente se alterar instantaneamente, sem que nem mesmo qualquer sinal emitido pela primeira tenha tempo de chegar à segunda. Chama-se fenômeno não local e caracteriza o emaranhamento.

A observação cria o fenômeno, bem como uma história passada capaz de justificá-lo. Alteração num possível passado, ou viagem no tempo.

A Quântica promoveu o encontro definitivo da Física com a Consciência e trouxe um enigma fundamental: As estranhezas, algumas das quais elencamos acima, não são observáveis no mundo das macropartículas, dos objetos com que lidamos no nosso dia a dia.

Mas se as coisas grandes são feitas das coisas pequenas, por que o comportamento destas não aparece naquelas?

Como explicar, defender a tese do realismo científico, que afirma a existência e atuação dos objetos do conhecimento da ciência independentemente de nosso conhecimento sobre eles?

Como conciliar a chamada realidade, em sua acepção tradicional, do grande com a não realidade do pequeno?

E a função de onda que dá a probabilidade de encontrar um objeto num determinado lugar, substituindo a certeza de poder-se localizar o objeto?

E o Princípio da Incerteza de Werner Heisenberg demonstrando que quanto mais precisa for a determinação da posição de um elétron, mais imprecisa será a determinação de sua velocidade, e vice-versa?

E quanto às observações, encontro com a consciência, que não só perturbam o objeto das medições, como também o produzem?

Mas há um detalhe essencial. Com toda a estranheza e as dificuldades filosóficas inerentes, nenhuma equação da Física Quântica, até a data de hoje, falhou em suas aplicações ou previsões.

Então, independentemente da decifração da estranheza, todas as aplicações funcionam e isso dividiu os físicos em dois grupos:

Os que aceitaram a postulação de Bohr e a explicação escapista de Copenhague, pretendendo mudar a meta da Física, afirmando que essa não deve ser tentar explicar a natureza, mas simplesmente dizer o que podemos fazer com ela e outros, que como Einstein e seus colegas Podolski e Rosen, no famoso manifesto contra a acomodação de Copenhague, que ficou conhecido como EPR, entendiam que, ao não explicar a natureza e os agentes responsáveis pela estranheza, a Física Quântica padeceria de incompletude.

Dominou, como de hábito, a teoria da acomodação. Puseram-se estudantes e mestres a mergulhar em seus cálculos, até porque todos eles funcionavam e relegaram a interpretação da natureza a segundo plano. Deixaram-na para os filósofos. Mas estes conheceriam suficientemente a ciência?

O manifesto EPR ficou por muito tempo esquecido, mas retornou revigorado quando Bell rejeitou publicamente a postura do "para todos os propósitos práticos" cuja sigla em inglês é FAPP (*for all practical purposes*). Essa ideia recusa o exame dos porquês, a análise da natureza das coisas, entendendo que se funciona para todos os propósitos práticos, nada mais interessa examinar

Bell retoma a ideia de que a função de onda do átomo (estar distribuído como onda em vários lugares simultaneamente) e as variáveis estranhas que permitem os fenômenos não locais, bem como a influência da consciência deveriam ser objeto de estudo para que os cientistas saibam verdadeiramente a natureza da natureza.

Então, o que fazer?

Deixar o esqueleto – nome dado muitas vezes pelos físicos às estranhezas da Mecânica Quântica – no armário, porque ele pode assustar? Esconder a poeira que obnubila um superado conceito de realidade sob a maciez do tapete da acomodação? Enfiar a cabeça na terra quando passam à nossa volta os desafios?

A escolha, em termos teóricos, é simples: trata-se de optar entre agir como filósofos da ciência, pois a filosofia não busca apenas o "como as coisas acontecem", mas, também seu "porquê", ou optar por ser um híbrido de aplicador de fórmulas, que por certo funcionam, e avestruz, pleno de certezas do que vê e defensor da inutilidade do que não quer ver, conforme a natureza do problema que se apresente.

Prefiro os filósofos da física, com coragem de postular até mesmo o novo, o inusitado, porque assim, nova, emblemática e fascinante é a ciência.

Para uma boa reflexão:
o que é a realidade?

Cada partícula no mundo subatômico é uma onda, quer dizer, está difusa num campo quântico, até ser observada. A observação capta essa onda e a transporta para o campo material. Assim, uma partícula subatômica é, literalmente, criada por nossa atenção. Note a magia: É nossa observação que traz à materialidade o que era apenas possibilidade. Não valerá o mesmo para nossos sonhos, desejos, aspirações? Então, é útil criar o melhor, ao invés de esperar o pior.

No mundo da microfísica, a expectativa do fato cria o fato. E no nosso dia a dia, não será igual? Então, não fiquemos a fazer expectativas sombrias sobre o futuro da civilização, nem dediquemos precioso tempo, que pode ser útil para aprendizagem e crescimento, com exercícios de futurologia vagos, imprecisos e, muitas vezes, pessimistas.

Pensemos: quando falávamos num mundo pós-pandemia, estávamos admitindo, como petição de princípio, que haveria um pós-pandemia, o que implicava acreditar que ela não duraria para sempre. Esse é um bom pensar. Juntemos a ele o conhecimento de que a expectativa do fato cria o fato e, fugindo dos adivinhos de plantão, associados aos profetas do apocalipse, exerçamos nossa faculdade de cocriadores, usando como material de construção a esperança.

A semiótica – estuda os modos como o homem significa o que o rodeia – é a ciência geral dos signos – permite que criemos o nosso mundo. Ela sempre pode ser modificada para que nossa obra-prima, nosso mundo seja melhor.

Para Spinoza, aspectos de divindade à parte, Jesus foi o maior dos filósofos. Vejam como o grande filósofo define o que chama "espírito de Cristo": a justiça e a caridade são toda a lei, que não há outra sabedoria senão amar, nem outra virtude, para um espírito livre, senão agir bem e manter-se alegre.

Sentimentos, pertencem, via de regra, às experiências incompartilháveis. Sentir é criar, sentir é pensar sem ideias e, por isso, sentir é compreender, visto que o Universo não tem ideias.

O último artigo de Stephen Hawking:
algo para meditar

Nesse artigo, Hawking admite a possibilidade da existência de universos paralelos. E defende-a, sob ponto de vista estritamente científico, como não poderia deixar de ser, entendendo que alguns deles poderão ser extremamente semelhantes ao nosso e outros de uma diferença inimaginável.

Hawking, um grande colaborador da Teoria das Cordas, procura, como diz o próprio título de sua publicação, uma explicação elegante – em termos de Física, quer dizer, simples – para a chamada "inflação eterna do universo".

Na publicação, Hawking insiste em sua genial interpretação a respeito de um "antes do Big-Bang" ao reprisar que nada tem sentido antes do Big-Bang. Nem mesmo falar em antes, porque o tempo, que nos permite falar em antes ou depois, assim como o espaço, passaram a existir após a grande explosão inicial. Ali se criou o grande e crescente molusco da Relatividade Geral.

Hawking busca explicar por que a expansão do universo, perfeitamente compreensível logo após a grande explosão, ainda não cessou.

Sabemos que no momento do grande estrondo, todo o Universo estava comprimido numa singularidade. Um ponto, contendo toda a matéria e energia que existem. Nos primeiros microssegundos seguintes à explosão o universo teve sua maior fase de crescimento – uma hiperinflação – e sua temperatura era altíssima.

Passados, agora, 13,8 bilhões de anos, seria de esperar que a expansão cessasse e, quem sabe, uma contração tivesse início.

Mas tal previsão não se verificou.

Hawking explica a expansão substituindo átomos por cordas – filetes invisíveis de radiação eletromagnética – e visualizando o universo como um oceano inflável. Imagina que após a explosão, nosso universo perceptível foi se expandindo como um balão. Mas, nada impede que em outras regiões, outros balões, outros universos pudessem ter surgido, o que é, segundo Hawking, extremamente provável.

Não há como deixar de lembrar a ponderação de Einstein ao entender a Física como uma aventura do pensamento.

Para muitos universos paralelos, segundo Hawking, deve existir uma Física muito semelhante ou igual à nossa e, talvez, seres como nós e, também, como mencionamos, outros completamente diferentes.

É claro que não conseguimos, mesmo pensando em objetos comuns, imaginar sólidos, elementos de três dimensões, paralelos.

Podemos imaginar e visualizar planos, entes bidimensionais, paralelos. Se o leitor está sentado, com o livro apoiado numa mesa, o tampo da mesa e o forro da casa são paralelos. Isso significa que podemos estendê-los ao infinito, sem que jamais se toquem.

Se coloco duas caixas, uma ao lado da outra, é impossível aumentá-las em todo o sentido, sem que se toquem. Não dispomos para exemplo, e nem podemos imaginar, sólidos paralelos, muito menos universos paralelos.

Mas é extremamente provável que existam.

Poderá haver uma comprovação física? "Sim, e essa é a grande esperança, mas não sei quanto deveremos esperar para que se concretize", foi a resposta de Hawking à pergunta.

Trata-se do seguinte: Estará confirmada a existência de universos paralelos, quando pudermos captar ondas gravitacionais específicas provenientes deles. Semelhante ao caso da captação da Radiação Cósmica de Fundo que chancelou o Big-Bang.

Não sei quanto tempo devemos esperar. As ondas gravitacionais provenientes da colisão de buracos negros, previstas por Einstein, só foram captadas em 2015.

O equipamento hoje disponível ainda não capta as ondas previstas por Hawking, mas, estando correta sua teoria, é uma questão de tempo.

Segundo Hawking, o que representa mais um duro golpe para as hipóteses materialistas: "A base do Universo não é o que vemos, mas um conjunto de informações que estariam contidas numa esfera imaginária".

O Universo que, segundo Wheeler, se parece mais com um pensamento do que com uma grande máquina, tem como base um conjunto de informações. O Universo é uma gigantesca rede de informações.

A base do Universo é, portanto, imaterial, consistindo num conjunto de informações.

Partículas há que só existem a partir do momento em que são observadas – Consciência criadora.

Diante de tudo isso, dessa magnitude e complexidade extremas do universo, é muito pobre pensar numa única forma de vida inteligente neste infinitesimal planeta componente do Sistema Solar.

A Ciência encontrou a Consciência e, sem dúvida, ao tentar decifrá-la, encontrará o **espírito imortal**.

Insistência no erro

Artigo escrito na fase final da pandemia da Covid e atualizado.

Estamos prestes – se Deus quiser e não abusarmos – a sair de uma terrível pandemia que, paradoxalmente, ao menos em alguns quesitos básicos, nos uniu pelo medo e pela dor.

Vimos pesquisadores de todo o mundo buscando uma solução, uma vacina, um medicamento capaz de pôr termo à agressão de um inimigo invisível que nos matava sem piedade.

Entre algumas lições, verificamos que a vitória sobre o vírus dependeria, por certo, de conhecimento, de dedicação a pesquisas, de avanços científicos e tecnológicos. E, como estávamos – e ainda estamos, infelizmente, mais preparados para matar, os investimentos na indústria bélica sempre superaram aqueles feitos na pesquisa da saúde –, custamos, e ainda há um caminho a percorrer, a descobrir a cura ou a prevenção definitiva da Covid.

Entendemos que a vitória da humanidade contra esse inimigo letal e invisível por certo dependeria de conhecimento científico, mas não somente dele.

A vitória exigiria a associação de ciência e espiritualidade, de conhecimento e humanismo, de tecnologia e empatia.

A pandemia nos mostrou a interconectividade dos seres humanos, lei fundamental da Física Quântica, já elencada na grande filosofia expressa no ensinamento de Jesus.

Passamos, ou deveríamos ter passado a entender, que o problema do outro não é só do outro como ente isolado. Verificamos que não existe um problema só deste ou daquele vizinho, nem mesmo só deste ou daquele continente. Estamos interligados num processo de aprendizagem e evolução,

Até mesmo nossos filósofos de auditórios, contumazes negadores da espiritualidade, começaram a falar nas habilidades do futuro, que exsurgiriam da fase pandêmica, colocando entre elas a empatia, a solidariedade e o desenvolvimento dos valores espirituais.

Aí estariam as condições necessárias para a existência de um mundo pós-crise, mais feliz e solidário. Concordava-se então que nossa evolução, nossa paz, nossa felicidade dependiam de um binômio composto de conhecimento científico e prática dos valores da espiritualidade.

Recomeçamos bem, logo após o susto inicial, nos dois terrenos.

Aceleraram-se as pesquisas buscando a solução biológica e a solidariedade, a empatia; começaram a aflorar em muitos corações, embora houvesse aqueles a transformar a desgraça em palanque de interesses pessoais ou de grupo, fazendo a pregação do ódio.

Mas mal ou bem, possivelmente no nível do razoável, conseguimos, ou estamos conseguindo vencer o inimigo externo e verificamos a importância da solidariedade, da união, em outros termos, da prática da caridade da materialização dos sentimentos de humanidade para essa vitória.

Porém, aprendizes teimosos num planeta em transição, mesmo antes da vitória plena contra um inimigo viral, vimos a chama do ódio, a ânsia do poder material demonstrar que a lição da pandemia foi mal aprendida, ao menos em termos de generalização.

E assim passamos a disputar com o vírus a capacidade de matar nosso semelhante.

Não se trata agora, no problema da guerra da Ucrânia, de vírus matando humanos, mas, lamentável e vergonhosamente, de homens matando homens. Terrível passo de recuo.

Vemos o que acreditávamos que jamais tornaríamos a ver, por nos considerarmos civilizados: bombardeio de hospitais e creches, torturas, assassinatos em massa e o grande responsável, ditador cruel do país detentor do maior arsenal atômico do planeta, exercitando a desfaçatez em grau máximo, a negar as evidências.

Como se não bastasse, surgem os atos terroristas inqualificáveis contra o povo de Israel. Pior, há quem os defenda direta ou indiretamente. No combate às atrocidades terroristas, qualquer *mas* é apoio velado ao desumano.

A mais forte condenação de Jesus referiu-se exatamente aos chamados *água morna*.

Mas vamos saltar do terreno do individual para a seara do coletivo.

Houvesse mais amor nos corações, tivéssemos nós ouvido a grande mensagem de Jesus, dita através de parábolas e explicitada em sua significação máxima pela Doutrina dos Espíritos, não teríamos passado, ao menos por esse último sofrimento que estamos vivendo, pois não permitiríamos, pelo acúmulo de energias positivas e de correto pensar, que o poder se acumulasse nas mãos dos maus.

Somos – digo nós, a humanidade – cabeças-duras.

As lições nos chegam pelos mais diversos caminhos, dos ensinamentos de Jesus, passando por Gandhi, Kardec, Chico Xavier, mas chegamos até os desastres que se transformam em nódoas indeléveis de nossa História e insistimos em repetir o erro crasso do cultivo do ódio que se manifesta nas brigas de vizinhos, nas discussões no trânsito e chega aos episódios da guerra, que por si só já é um crime, contendo em si outros muito graves, chamados crimes de guerra.

Vivemos um momento de transição e temos que realizar escolhas que começam por mudanças em nossas atitudes.

Fritjof Capra, autor de *O Tao da Física*, já advertira: "A Física pode levar a dois caminhos: a Buda ou à bomba". É claro que a escolha é nossa, e a opção lamentável pelo ódio – escolha de um caminho talvez irreversível – será mais grave, pois erraremos com conhecimento de causa.

Conhecemos a grande Lei do Amor e não a aplicamos.

Quando Kardec afirmou que o maior dos bens que se pode fazer ao Espiritismo é divulgá-lo, o que vale para todo o conhecimento da espiritualidade, explicitava a necessidade de dar conhecimento aos homens das leis que regem a evolução espiritual, entre elas a Lei da Causalidade, na mesma linha de Jesus, que prelecionava não se dever colocar a luz debaixo do velador.

Temos conhecimento, temos os dolorosos exemplos da ausência do amor, da ausência de Deus em muitos corações, mas, alunos difíceis, rebeldes, insistimos em aplicar a fórmula errada pensando que assim obteremos resultados corretos.

Vamos pensar mais e executar a reforma íntima, começando por ser, cada um de nós, aquele ser humano que desejamos encontrar nos outros.

Heil, Putin:
metáforas

Putin imita Hitler; mais do que isso, Putin age como Hitler, o que nos permite dizer numa clássica interpretação do "como newtoniano", que Putin é Hitler (quando tudo se passa como se fosse, fisicamente é – Newton justificando, sem justificar, a Força da Gravidade).

Mas Putin não é "o Hitler" macabro que morreu ao final da guerra de conquista e extermínio, em 1945. Tampouco é aquele Hitler metafórico que exsurgiria da expressão: Putin é *um* Hitler.

Os artigos *o* ou *um* limitam o alcance da expressão, restringindo-a a um ser em particular, ou a uma metafórica adjetivação. Falamos *é* – o que significa que nos referimos, pelo modo e tempo verbais utilizados, ao presente.

Mas Hitler já morreu. Engano. Morreu o Hitler provocador de uma guerra de conquistas e do maior genocídio da História, somente comparável ao de Stalin, seu, apenas aparente, antípoda ideológico.

Hitler, ideia, não morreu, porque jamais viveu corporificado numa só pessoa e, paradoxalmente, por nunca ter vivido é imortal, não é humano no sentido de viver restrito a um corpo e, por isso, como uma ideia concentradora do mal, do ódio, da volúpia do poder, pode manifestar-se em diversas épocas e em diferentes seres vivos. E, despiciendo dizer, uma ideia é imortal.

Putin representa, encarna, materializa a ideia Hitler em movimento. Numa linguagem geométrica, não seriam eles classificados como figuras semelhantes, mas sim congruentes, portanto idênticas.

Interessante que a congruência, em geometria, é a qualidade de duas figuras, mais do que iguais, serem idênticas, o que só se configura nas figuras planas, que superpostas ocupam exatamente a mesma posição num universo bidimensional.

E as duas figuras odiosas que citamos são planas, incapazes de vislumbrar uma terceira dimensão espacial que lhes permitiria uma visão de mundo além do círculo de ódio e de poder em que se escondem e protegem. Uma dimensão onde há lugar para a empatia, a tolerância e, principalmente, o sentido de humanidade.

E há um risco maior nessas figuras: o fato de pensarem superficialmente, em duas dimensões, faz com que o ódio e a arrogância de que são portadores também se concentrem em duas dimensões, tornando-se mais densos por se concentrarem num só plano, ao invés de poderem se distribuir num espaço tridimensional, onde encontrariam outros sentimentos e se tornariam menos concentrados.

O grande perigo na condensação desse ódio reside na sua capacidade de concentração. De repente, uma ideia fixa: serei dono do mundo. Aí, o pensamento nocivo, numa obstinação doentia, passa a atuar numa só direção. Passa do plano para o linear e do linear para o puntual. O que era plano concentra toda a energia negativa num só ponto invisível. É o Big-Bang, a grande explosão do mal que não resiste concentrar-se em si mesmo, num espaço infinitesimal, e explode, espalhando-se por todo um universo.

Acredito, a partir do entendimento de uma ideia Hitler, capaz de, mais ou menos concentrada, estar em várias mentes ao mesmo tempo, que não é correto falar em Putin e Hitler. Seria mais apropriado dizer: Putin-Hitler. Num dualismo, pouco menor em componentes do que os integrantes do Mistério da Santíssima Trindade, mas tão misterioso como este, encontram-se duas figuras em uma só. Uma dualidade uma, apresentando dois indivíduos distintos com uma só personalidade de objetivos onipotentes.

Mas Putin é comunista e Hitler é – falo sempre na ideia – nazista.

E o comunismo odeia o nazismo, também metaforicamente, até porque são unos na volúpia do poder. Como os ódios não podem agir no plano ideal, diz-se que os comunistas detestam os nazistas. Devemos observar, no entanto, que o ódio e o amor, principalmente quando adentram no terreno da admiração exacerbada que provoca a inveja, estão a um micro-espaço de distância.

Putin age como *o* Hitler da Segunda Grande Guerra. Putin luta pelas mesmas razões e invocando os mesmos pretextos daquele Hitler. Então, Putin é apaixonado por Hitler, o do mundo das ideias, pela simples razão de que narcisisticamente adora a si mesmo.

Por que será que nós, humanos na classificação, chegamos a dar tanto poder a psicopatas? Ou ao menos lhes permitimos, talvez por omissão, obter esse poder letal?

A resposta é muito ampla e tratar dela, neste momento, implicaria diversionismo.

Por enquanto, a ideia é eliminar a ação assassina, detendo o Hitler do momento, Putin, que afirmando-se portador de ideologia antagônica, age fielmente dentro dos princípios e padrões do mais conhecido dos Hitlers.

E, em homenagem ao bom-senso e à grandeza possível da humanidade, não se coloque *mas* após o comentário de qualquer feito do Hitler do momento. Qualquer *mas* será um modo indireto e covarde de justificar ou atenuar o genocídio que o KGB de origem e de princípios está provocando.

E, quem sabe, devamos começar a eliminar aquele pequeno, médio ou grande Hitler que por vezes, com maior ou menor frequência, se manifesta em cada um de nós, como medida preventiva para impedir o surgimento ou a encarnação da ideia?

Substituí-lo por um Jesus não seria muito melhor? Ou acreditamos mais na força da ideia Hitler do que na de Jesus?

A escolha é nossa e *os* Hitlers são mais ruidosos e mais adestrados e presentes no marketing.

Quando a desfaçatez é a regra

Parece ser uma regra universalizada entre os mal-intencionados atribuírem aos adversários, ou oponentes – para eles sempre inimigos – tudo o que fazem ou pretendem fazer de reprovável. Técnica aconselhada por Lênin.

Putin, o genocida, entre outros pretextos para invadir a Ucrânia, invocou um necessário combate ao nazismo, que, segundo ele, o governo ucraniano tornara uma prática. Entre suas exigências para cessar a guerra de conquista, que chamou e obrigou os russos a chamarem intervenção, sob pena de prisão, colocou o fim do apoio ao nazismo, segundo sua visão, existente e atuando no país agredido. Os pretextos e falsidades de Hitler eram os mesmos desse seu falso inimigo ideológico, mas, realmente, fiel seguidor.

Pois as imagens mostram – e não há como negar, embora as autoridades soviéticas o façam – após os já conhecidos bombardeios de hospitais e escolas, as execuções bárbaras de civis, entre eles crianças e velhos, os estupros, e toda a sorte de atrocidades a caracterizarem genocídio e, por óbvio, crimes de guerra praticados por Putin, o sedizente combatente do nazismo, com a força de suas armas e a selvageria de muitos dos seus soldados. Velha característica soviética.

Ele nega. Não é o único negador do óbvio, entre outros tantos colegas psicopatas. Não é novidade na História. Houve quem negasse e há quem ainda negue a barbárie de Auschwitz e das câmaras de gás. Alguém consegue ver alguma diferença?

Como mencionado, há, ainda, a tática de acusar os outros daquilo que pretendem fazer. Segundo Putin, a Ucrânia praticava verdadeiro genocídio contra russos. Era mentira, mas era um aviso do que ele iria fazer. E fez!

Dizer que não há provas, ou que as fotografias de satélite são forjadas, é uma desculpa aviltante e canalha. Desfaçatez é pouco!

Lamentavelmente, estamos diante da já sabida impotência da ONU, o que não é surpresa, tendo em vista que no Conselho de Segurança dessa organização têm assento, com direito a veto, os maiores fabricantes e vendedores de armas do mundo.

Desculpem a ênfase, mas calar diante de monstruosidades é assinar um irresponsável "que me importa".

Há momentos em que não se pode calar, sob pena de grave omissão. Nem colocar o famoso *mas* covarde, já citado neste texto.

E o momento de 2024 é um deles.

É de pasmar que após os inimagináveis atentados do Hamas, existam pessoas, que deveriam ser responsáveis, apoiando o movimento terrorista, incomparavelmente desumano.

E esses apoiadores são quase sempre covardes. Dizem-se defensores do povo palestino, como se o Hamas representasse esse povo. Ao contrário, é consabido que esses execráveis assassinos fazem o povo de refém. É como dizer, e há quem diga – sempre os mesmos –, que as FARCs representam o povo da Colômbia e agem em seu proveito.

Diz Fred Alan Wolf, PhD em Física Quântica: "Não há uma realidade lá fora, independente do que se passa aqui dentro". E aponta para o peito.

Até que ponto a falta, a negação dos valores da espiritualidade impede a formação de uma massa crítica capaz de liberar uma energia de paz e amor, capaz de deter o ódio?

É algo a pensar. Somos coconstrutores da realidade e a prevenção das ações de ódio – infelizmente, no momento passamos da fase preventiva – só se faz com muito exercício de compaixão e de amor.

De raposas e galinheiros, ou quem combate a corrupção?

"Não se deve esperar a solução de um problema a partir do mesmo nível de consciência que o criou."

Poderíamos explicar essa frase de Einstein através da lógica, onde se verifica que, para a resolução de um problema surgido num determinado nível precisamos ir a um metanível.

Mas, não é preciso tanto. Vamos simplificar.

Imaginemos que um fazendeiro tem problemas de segurança em seu galinheiro. Há animais comendo as galinhas. Nosso fazendeiro contrata uma representante do grupo das raposas para projetar um sistema de segurança máxima para o galinheiro. Paga bem.

A raposa, no entanto, é a responsável pelo problema. Seu nível de consciência é de comer galinhas. Não será rematada tolice pretender que as raposas resolvam um problema de que são causa e que para elas não é problema, é busca de alimentação?

Essa é a tradução simples do dito.

E aí, estremecemos e nos perguntamos: Não vemos muitas raposas recebendo o encargo de zelar pela segurança dos galinheiros? Não vemos corruptos gritando contra a corrupção, naturalmente dos outros, e se arvorando em guardiães da moral?

No momento, vivemos a angústia do poeta romano Juvenal, que indagava: QUIS CUSTODIET IPSOS CUSTODES?

Quer dizer: quem fiscaliza os fiscalizadores? Quem cuida dos que nos cuidam? Quem vigia os que nos vigiam? Quem fiscaliza os guardiães da lei e da Constituição?

São problemas. Penso que devemos começar por não nomear raposas para cuidar do galinheiro.

Tolerância

Interessante observar que as palavras mais usadas em determinados períodos são, talvez, a expressão das maiores carências. Quem sabe uma cobrança inconsciente do que deveríamos fazer e que tentamos compensar só no dizer... Tolerância, empatia, solidariedade, paz estão no grupo do momento, da hora, da moda.

Vamos falar sobre a primeira elencada acima: a tolerância. Vamos encará-la no sentido construtivo, em que é útil.

Perguntar-se-ia: há outro?

Certamente. Não se pode levar a tolerância ao extremo.

Alguém acha que devemos tolerar o racismo? A pedofilia? O estupro? O terrorismo?

Parece-me óbvio que não, e esse não nos torna intolerantes em relação aos crimes supracitados.

Mas falemos na tolerância como virtude, no sentido de sermos abertos ao convívio com opiniões distintas da nossa, naquele terreno em que não há uma apologia do crime.

Virtude, sem dúvida, das mais necessárias no momento de radicalização por que passa a humanidade, a tolerância deve ser analisada, no mínimo, sob dois enfoques:

O dicionário Aurélio define tolerância como tendência a admitir modos de pensar, de agir e de sentir que diferem daqueles de um indivíduo, ou de determinados grupos políticos ou religiosos.

No uso corrente, muitas vezes se entende uma diferença de nível entre o tolerante e o tolerado, principalmente quando aquele se diz paciente e caridoso, pelo fato de ouvir as opiniões deste, que considera, obviamente, muito inferiores às suas. Nesse caso, a tolerância proclamada resvala para uma manifestação velada de vaidade.

A verdadeira tolerância, fruto do respeito às opiniões e atitudes plúrimas, resulta de um entendimento de que se não é dono da verdade e que possibilidade de mudança de opinião, a partir da oitiva de bons argumentos, é sinal de predisposição para aprender e, consequentemente, evoluir.

É por ausência de tolerância que os pretensos donos da verdade se julgam proprietários do acerto perene. Nessas condições, a ninguém escutam, porque não precisam, e passam a agredir os dissonantes de seus pensamentos a pretexto de defender a verdade.

Cometem um erro lógico indicador de sua posição arrogante.

Num raciocínio perverso, que caracterizou e caracteriza ditadores sanguinários e fanáticos religiosos – às vezes as duas coisas – entendem possuir o dever de combater o mal, o erro, enfim, todos os pensamentos e atos contrários a seu livrinho da verdade absoluta, ou ausentes dele.

Como o mal é uma figura abstrata, transformam a ideia de combater o mal na prática de aniquilar os maus. E quem são os maus? Os que não comungam com suas ideias. Daí, às guerras religiosas e às agressões políticas do dia a dia é um salto muito curto, praticamente inevitável.

O universo está em constante transformação. A incapacidade de troca de energia num sistema físico classifica-o como termodinamicamente morto.

O ser humano é um *devir*, um vir a ser permanente. Viver é um processo contínuo de transformações, e a tolerância nos torna capazes de percebê-las e, quando necessário, aprender com elas.

Ter a capacidade de mudar de opinião e, quando convencido pelo correto pensar, considerando a evolução e a historicidade da verdade, fazê-lo é prova de maturidade intelectual e equilíbrio emocional.

Desenvolvendo a capacidade de ouvir e, mais do que isso, de considerar as crenças e atitudes distintas das que possuímos, estamos praticando a virtude da tolerância, exatamente aquela que nos leva a aceitar os outros como são e não como *golens* que teríamos a pretensão de criar.

Quem sabe, o erro de Prometeu, ao roubar o fogo do Olimpo para dar vida a estátuas estaria oculto em uma vontade de criar seres que não discordassem de seu criador? Estaria embutido na lenda o gérmen da intolerância de quem quer conviver somente com os que pensam segundo suas ordens?

Talvez por isso haja quem prefira a convivência com animais domésticos, que não discordam, nem contestam opiniões, do que com seres humanos.

Frisemos bem: nada contra o respeito e o amor que podemos dedicar a nossos queridos *pets*. Fiz apenas uma comparação de valores, pois o intolerante é terreno fértil para a misantropia e vários tipos de ódios a outros humanos, aos quais nega o direito de um pensar e agir diferentes do seu.

A intolerância, como outros sentimentos quetais, é uma forma de manifestação tolerada, para gáudio e segurança dos intolerantes.

Necessário se torna desenvolver e praticar os bons sentimentos que constroem e nos elevam.

As mudanças no mundo só virão a partir de mudanças nos corações dos homens.

Assim, vamos concluir citando Spinoza:

A saúde mental é, em última análise, manifestação do viver de modo correto; a doença mental é sintoma de falha em viver de acordo com as exigências da natureza humana. "Mas se a pessoa cobiçosa pensa apenas em dinheiro e posses e o ambicioso só em fama, não se os julga insanos, porém apenas incômodos; em geral, tem-se desprezo por eles. Mas, de fato, cobiça, ambição, etc. são formas de insanidade, embora não se pense nelas como doença.

Concluindo: A tolerância é o caminho e a fraternidade o fim.

Sonho e aprendizagem

Sonhei que estava com um grupo de amigos de sonho – aquelas pessoas que nunca vimos, cujas fisionomias, em vigília, desconhecemos, mas que no sonho são conhecidas – num almoço, desses em que muitos gostam de pedir a palavra, falando, alguns bem mais do que se desejaria ouvir, embora bem menos do que pediria sua pretensão de comunicar algo importante.

Pois, um amigo, desses que a gente só conhece e reconhece em sonho, pois em nada se ajusta à imagem e aos hábitos dos que conhecemos na chamada vida real, ao lhe ser levado o microfone, começou a cantar a antiga música de Dorival Caymmi, *Marina*.

Cantou só uma parte, só um pedaço com afinação e dicção perfeitas, que nos acariciavam os ouvidos e acordavam alegrias escondidas, ou abafadas pelos ruídos do cotidiano – alguns travestidos de música –, no íntimo dos eternos buscadores de harmonia.

"Continua", era o pedido.

– Só sei até aqui, e o que não sei não faço.

– Podemos ir dizendo as palavras... conheces a melodia...

– Não. Só vou até onde sei.

Exemplo de confiança e prudência, associação tão rara quanto desejável, que caracteriza a percepção dos limites, que mapeia o território do agradável, cuja fronteira transposta desavisada e afoitamente é entrada para o domínio do tedioso. Entretanto, não vale dizer que devamos fixar definitivamente esses limites. Reconhecê-los, no momento é prudência; buscar superá-los no futuro é sabedoria.

O avançar sem saber representa, muitas vezes, a transformação de uma melodia prenunciada num conjunto de acordes dissonantes. – E para percebê-los, desnecessário seria que fossem emitidos por mais de 5.000 alto-falantes. Ouvidos atentos os captariam em volume normal.

Falamos em percepção de limites. Estes, no entanto, não são perenes. É possível e desejável ampliá-los, o que é diferente da assunção de ares doutorais sobre o que se desconhece, algo tão comum entre os que confundem opinião, crença pessoal com conhecimento.

Pois todos podemos ampliar nossas capacidades e saberes, para transformar um caminho pantanoso numa estrada pavimentada, em ramos do conhecimento nos quais poderemos transitar com facilidade e eficiência. É a transformação interna que produz a externa, que transforma o desconhecido no dominado.

Assim, a vida nos convida para uma ampliação de horizontes, um alargamento de percepções, uma capacidade de ir além, acreditando em nossa vocação para a luz do conhecimento, fugindo da mediocridade dominante que transformou mérito em palavrão e vive de afirmações vazias, satisfazendo-se com seu próprio nada e condenando o saber.

Podemos ter como objetivo ampliar nosso domínio cognitivo, de modo a tornar nossas conversas e vivências mais agradáveis, mais seguras, capazes de ir além de alguns versos de *Marina*, e completar, com a melodia do conhecimento, uma canção que enriqueça o espírito de quem nos ouve, engrandecendo sua alma com a luz que soubemos criar na nossa e que todos podem gerar nas suas.

Acredite em suas possibilidades e transforme, no dizer de Aristóteles, potência em ato.

Mãe:
o mundo quer dizer que te ama

Escrito em um dos tantos *Dia das Mães* e aqui publicado, porque gratidão e amor não dependem de data. Dependem de um coração reconhecido.

Hoje (num dos citados dias) comemoração do Dia das Mães, como em qualquer outro, queremos e precisamos dizer-lhes o quanto as amamos.

Se há uma possibilidade de materializar um sentimento, se é possível contrariar Platão, realizando neste mundo das sombras um arquétipo perfeito, esse reside no amor que só as mães são capazes de sentir.

Dependemos de sua vontade e carinho durante nove meses, como condição de existir.

Nascemos, e, à medida que a independência orgânica e psicológica cresce, seu amor por nós consegue aumentar, num paradoxo negador dos números, que possibilita ao infinito crescer além de si mesmo.

Por isso, dizer à nossa mãe, à mãe dos nossos filhos, às mães que não conceberam seus filhos, mas fizeram do amor o substituto único do vínculo biológico, *eu te amo*, é necessidade que caracteriza gratidão e reciprocidade.

Não é fraqueza, mas, sim, fidelidade ao mais importante de todos os sentimentos, que é o amor.

O sincero *eu te amo* não pode ser contido pelo egoísmo, ou por uma infundada vergonha de dizer algo que poderia evidenciar fraqueza ou dependência.

Significa ter a plena consciência do amor.

Uma onda, enquanto regida por sua equação, pode ser e não ser, simultaneamente uma realidade objetiva. A consciência a transforma num objeto, no sentido tradicional e hoje questionado, do que chamamos realidade.

A materialização do amor ocorre através da mãe, e quem ama merece saber-se amado.

Daí por que o dizer *eu te amo* é uma necessidade de quem ama. O não dizê-lo é calar egocentricamente o mais nobre dos sentimentos, que precisa ser expresso, porque as pessoas que amam merecem, no mínimo, saber que são amadas, para que dessa soma de amor, uma soma que é maior do que o conjunto das suas parcelas, resulte felicidade, resulte alegria de coração, resulte alegria de viver.

Longe ou perto, até porque esses conceitos são menores do que os sentimentos, levemos um abraço de amor, de alma para alma, a todas as mães, biológicas ou não, porque quero conceituar mãe por capacidade de amar.

À minha mãe, onde quer que se encontre, além do meu coração, à maravilhosa mãe dos meus filhos, todo o meu amor e reconhecimento.

A todas as mães do planeta, nossa esperança-certeza de que todas as curas virão de saber amar, como só elas sabem.

Feliz Dia da Humanidade.

Hino Rio-Grandense:
bravura ou racismo?

Uma análise completa sobre a interpretação, envolvendo um estudo detalhado da relação entre o dito e o entendido, tratando das implicaturas e do como dizer para se fazer entender, será encontrado no livro sobre comunicação, deste autor.

Tudo o que ouvimos, ou lemos, ou vemos, só se torna completo em nosso entendimento, a partir de uma interpretação.

Por isso, quando a interpretação surge presidida por boa ou má--vontade em relação ao dito, terá sempre um valor muito mais subjetivo do que objetivo e é por essa razão que a História, a Sociologia e o Direito, para exemplificar, numa classificação correta, são elencadas como ciências hermenêuticas, o que quer dizer ciências de interpretação.

Muitas vezes, a interpretação é simples e imediata. Por exemplo: Quando digo "Maria é órfã", significa que seu pai, ou sua mãe morreu.

Mas, há casos mais complexos em que a correta interpretação exige conhecimento da Lógica da Linguagem Natural, que evita subjetividades, quando possível, confirmando, ou não, de modo científico, a validade de uma interpretação.

É exatamente o caso que no início de 2023 ocupou largamente a mídia convencional e a eletrônica.

Trata-se de uma frase do Hino do Rio Grande do Sul, que diz: "Povo que não tem virtude acaba por ser escravo".

Houve protestos contra esse dito, discussões acaloradas e, em relação a um possível racismo na frase, defensores dessa posição e opositores estenderam-se em argumentações do tipo: Não foram só povos negros que sofreram a ignomínia da escravidão, mas também chineses, judeus...

Embora haja excelentes argumentações, num sentido e noutro, tudo foge ao tema fulcral.

O que se deve examinar é simples e de contornos bem definidos.

É o que segue: O dito: "Povo que não tem virtude acaba por ser escravo" permite inferir, interpretar, que dele se segue que "escravo não tem virtude"?

Esse o ponto nodal, e a resposta é elementar.

Se dissermos por exemplo que todo gaúcho é honesto, significa dizer que quem não é gaúcho é desonesto? Obviamente não.

Se dissermos que viciados morrem jovens (estou só considerando a frase em si e não sua generalização) significa dizer que todos os que morrem jovens são viciados? Absolutamente não.

Esse erro de interpretação chama-se, em lógica, falácia da negação do antecedente.

Assim, em termos de ciência da linguagem, dizer que quem não tem virtude acaba por ser escravo, não autoriza a conclusão de que significa afirmar que escravo não tem virtude.

Para bem entendermos o problema, devemos nos fixar na diferença entre condição necessária e condição suficiente.

Dizer que povo que não tem virtude acaba por ser escravo envolve uma implicatura. É o mesmo que dizer que a falta de virtude implica a escravidão. Isso quer dizer: condição suficiente.

A diferença: Quando dizemos que uma condição é suficiente para a ocorrência de um evento, significa que, presente a condição, o evento ocorre.

Exemplo: Ser decapitado implica morrer. Isso permite concluir que, presente a condição, "ser decapitado", o evento ocorre necessariamente, ou seja, acontece a morte.

Mas não permite afirmar que dado que alguém morre, podemos concluir que foi decapitado. A condição, "ser decapitado", é suficiente para produzir a morte, mas não é necessária, uma vez que partindo do evento: "morte de alguém", não chegamos necessariamente à condição: foi decapitado.

Assim se valida a condição necessária: Ocorrido o evento, ela necessariamente existiu.

Aí, a grande diferença. O Hino afirma que a ausência de virtude, de coragem, bravura, firmeza de ideais acaba por escravizar, por submeter.

Não diz, no entanto, o que seria erro gravíssimo, que o escravizado não tem virtude. A conclusão última não tem qualquer sustentação, nem na Lógica da Linguagem, nem na História da Humanidade, em que o flagelo, a grande vergonha – como dito na canção *Guantanamera* – da escravidão atingiu povos e pessoas, plenos de virtude, submetidos pelo poder da força.

Então, acreditar que a citada frase do Hino permite inferir que escravo não tem virtude é erro grave, motivado por.... Motivos podem ser múltiplos, inclusive a falta de conhecimento de uma das exponenciais qualidades do novo e do velho normal: a capacidade de comunicação, ou seja, o ponto crítico entre o dito e o entendido.

Vale estudar.

Apesar de ser óbvio que não há racismo na letra do Hino do Rio Grande do Sul, há ainda quem se recuse a cantá-lo, ou, o que é pior, levantar-se durante sua execução, sob o pretexto de validar a acusação de racismo na letra. É simplesmente não querer reconhecer o erro. Estupidez. Errar é humano, persistir no erro...

Lembrando que interpretar é fundamental, temos:

Einstein: "O mais extraordinário não é a existência do Universo, mas nossa possibilidade de interpretá-lo".

Conhecimento evita perda de tempo, e o tempo é precioso demais para ser usado à toa.

Um viva à vida

Pois, quer o homem seja o bruto cavernícola, evoluído na geração do *pithecanthropus erectus*, ou mesmo esse Adão infeliz, que já nasceu adulto, que não teve infância, que desconheceu carinhos maternos, não importa.

Semideus ou macaco, esse prodígio pensa e, porque pensa, devassou o mundo criado, ganhando as profundezas oceânicas e se aventurando nos espaços siderais.

Pois o pensar é, cartesianamente, a comprovação do existir, da realização da incomparável aventura de viver.

Talvez seja por isso que a saudação – viva! – é também o imperativo do verbo viver.

Consequentemente, numa indispensável apologia da vida, que devemos *vivar* e *viver*, nada melhor do que pensar e sentir as emoções e a oportunidade de, estando vivos entre vivos, viver com entusiasmo, paixão e, fundamentalmente, com esperança.

Então, uma grande *viva* ao *viva a vida* e ao correto pensar, que sempre nos levará pelo menos a um vislumbre da importância de viver.

E para encerrar, vamos falar da bravura, cordialidade e generosidade do povo que vive mais ao sul do Brasil.

Atingido por uma sequência de desastres naturais que culminaram com a grande cheia de maio de 2024, recebeu a solidariedade dos seus irmãos brasileiros e, de pronto, não se deixando abater, começou a reação pela força de seus habitantes e a extraordinária perseverança e bravura de seus empresários, com ênfase ao setor da agropecuária.

Esse povo que jamais se entrega às dores e lamentações propiciou atos de solidariedade, de humanismo comoventes, numa união sem precedentes, fazendo jus ao lema de sua bandeira: Liberdade, Igualdade, Humanidade, dispensando as falsas e interesseiras promessas dos "turistas de enchente", pondo em seu lugar a fraternidade e agradecendo aos irmãos de todo o Brasil.

Mais uma vez ficou provado: O povo pode contar com o povo.

Gaúcho:
um povo que canta o amor e merece solidariedade

Um povo se conhece por seus hábitos e costumes, e se identifica por suas canções.

Vamos citar três canções que revelam o espírito do gaúcho, além de sua coragem, bravura e resistência, que fazem parte de seu esteriótipo, pelos nobres sentimentos que caracterizam a evolução de sua alma. Essas canções, em diferentes tempos, se transformaram em verdadeiros hinos anexos a nosso glorioso Hino do Rio Grande do Sul.

Vejamos:

Teixeirinha, criticado pelo rancoroso quebrador de discos Flávio Cavalcanti, talento nato e pouco reconhecido em vida, na música *Querência Amada*, diz no final de um dos versos: "Da uva vem o vinho, do povo vem o carinho, bondade nunca é demais". É o que estamos vendo e renova a esperança na humanidade, em maio de 2024, quando o maior desastre natural destrói cidades inteiras e deixa milhares ao desabrigo. É o povo o principal ator desse drama, no socorro que o homem, cidadão comum, mostrando-se humano, presta a seus irmãos da mesma raça: humana.

Leonardo, grande compositor e intérprete de nossa música e nossos sentimentos, na extraordinária canção – arte musical e poética, por ter musicalidade e poesia – fala em "olhar horizontes com Deus" e diz: "É o meu Rio Grande do Sul, sal sol sul terra e cor, onde tudo que se planta cresce e *o que mais floresce é o amor*". É esse amor que move empresários deste e de outros Estados a socorrer os flagelados, semeando frutos do amor, unindo povo, governo estadual e municipal numa cruzada de empatia e de auxílio aos carentes. É o fruto da semeadura do amor, a vivência da fraternidade.

Nico Fagundes e Bagre Fagundes inigualáveis em sua missão de difundir as tradições e a cultura desse povo que tem história, escrita em seus mais longínquos rincões com as tintas da coragem, no papel do sentimento das almas, receberam uma pergunta: Onde fica o Alegrete? A resposta foi um hino de louvor ao Rio Grande, com a menção de vários locais, remetendo às nossas tradições e uma declaração de amor – só declara amor quem tem a alma generosa – para além da vida, ao Alegrete. "Ouve o canto gauchesco e brasileiro – somos brasileiros por opção – desta terra que eu amei desde guri". Aí está presente o amor que nos une, numa desgraça sem precedentes, numa solidariedade maior do que ela.

Plantamos amor e agora estamos recebendo amor. Somos brasileiros e por isso nossos irmãos de todo o Brasil se solidarizam conosco. Agradecemos hoje e agradeceremos sempre a esse povo solidário, que sem interesse de qualquer ordem, amando o bem pelo bem, nos tem socorrido. O povo sempre pode contar com o povo.

Bibliografia

ACHOR, Shawn. *O Jeito Harvard de ser feliz.* São Paulo: Saraiva, 2012.

ARNTZ, William; CHASSE, Betsy; VINCENT, Mark. *Quem somos nós?* Rio de Janeiro: Prestígio Editorial, 2007.

ASIMOV, Isaac. *O Universo.* Rio de Janeiro: Prestígio Editorial, 2007.

BARTHES, Roland. *A Aula.* São Paulo: Editora Cultrix, 2007.

CAPRA, Fritjof. *As conexões ocultas.* São Paulo: Editora Cultrix, 2009.

CHOPRA, Deepak. *Deus.* São Paulo: Editora Agir, 2012

CHOPRA, Deepak; MLODINOV, Leonard. *Ciência x Espiritualidade.* São Paulo: Sextante, 2012.

COMTE-SPONVILLE, André. *O Espírito do Ateísmo.* São Paulo: Editora WFM Martins Fontes, 2007.

DALAI LAMA. *O Caminho da Tranquilidade.* São Paulo: Sextante, 2000.

DAWKINS, Richard. *Deus, um Delírio.* São Paulo: Editora Schwarcz S.A., 2007.

DE ARAÚJO LIMA, Moacir Costa. *Quântica: Espiritualidade e Saúde.* Porto Alegre: AGE 2013.

_____. *Corta a Corda.* Porto Alegre: AGE, 2016.

_____. *Quântica e Consciência.* Porto Alegre: AGE, 2020.

_____. *Amor – A arte de viver.* Porto Alegre, 2019.

FROMM, Erich. *Ter ou Ser.* Rio de Janeiro: Zahar Editores, 1980

GUEDES, Paulo Sérgio Rosa. *A Paixão.* Porto Alegre: Edição do autor, 2010.

GOSWAMI, Amit. *O Universo Autoconsciente.* Rio de Janeiro: Editora Rosa dos Tempos, 1998.

HAWKING, Stephen. *O Universo numa casca de noz.* Editora ARX, 2002.

ISAACSON, Walter. *Einstein – his life and universe.* Simon and Schuster, 2008.

KARDEC, Allan. *O Evangelho segundo o Espiritismo.* Araras, São Paulo: Instituto de Difusão Espírita

_____. *O Livro dos Espíritos.* Porto, Portugal: Editora Luz da Razão.

MAY, Rollo. *A coragem de criar.* Rio de Janeiro: Nova Fronteira, 1982.

MLODINOV, Leonid. *O andar do bêbado.* Rio de Janeiro, Zahar: 2009.

NIETZSCHE, Friedrich. *Assim falou Zaratustra.* Porto Alegre: L&PM, 2005.

SPINOZA, Benedictus de. *Pensamentos metafísicos, Tratado da Correção do Intelecto, Ética.* São Paulo: Abril S.A., 1983.